Norahib bikom heißt willkommen

BETTINA SCHULER

Norahib bikom heißt willkommen

Von ehrenamtlicher
Flüchtlingshilfe, einer syrischen
Familie und mir.
Eine Freundschaftsgeschichte.

Für Arwa, Arees, Hani und Samer

Namasté

Inhaltsverzeichnis

»Es gibt Menschen, für die Bodenlosigkeit die Stimmung ist, in der sie sich sozusagen objektiv befinden. Menschen, die jeden Boden unter den Füßen verloren haben, entweder weil sie durch äußere Faktoren aus dem Schoß der sie bergenden Wirklichkeit verstoßen wurden oder weil sie bewusst diese als Trug erkannte Wirklichkeit verließen.

Solche Menschen können als Laboratorien für andere dienen.«

Vilém Flusser,
Bodenlos: Eine philosophische Autobiographie

Vorwort

Ich habe Bettina im Rahmen der Arbeit an meinem Dokumentarfilm *Háwar – Meine Reise in den Genozid* kennengelernt. Sie war eine der Ersten, die mit mir ein Interview geführt hat. Während des Gesprächs haben wir beide uns auch persönlich kennengelernt, und ich habe sofort gespürt, dass Bettina ebenso wie ich für das Thema „Geflüchtete" brennt. Mit ihrem ehrenamtlichen Engagement lebt sie vor, wie uns die Integration gelingen kann. Deshalb ist sie für mich eine Fackelträgerin, die uns dabei hilft, den Bedenkenträgern in diesem Land Einhalt zu gebieten.

Ich finde es sehr wichtig, dass Bettina ein Buch über ihre Erfahrungen als Ehrenamtliche geschrieben hat. Denn das Ehrenamt hat in den letzten Monaten, in denen immer mehr Geflüchtete gekommen sind, in Deutschland den Unterschied ausgemacht: Die Bilder von diesem neuen Deutschland, das sich im Rahmen der Willkommenskultur gezeigt hat, sind um die ganze Welt gegangen und haben ein helles Licht auf unser Land geworfen.

Doch wo Licht ist, gibt es auch Schatten. Und gerade jetzt, wo darum gerungen wird, in welcher Welt wir künftig leben wollen, kann das Ehrenamt das Zünglein an der Waage sein. Für das Licht und gegen den Schatten.

Alle, die das Ehrenamt immer belächelt und es an den Rand der Gesellschaft gedrängt haben, sind im Zuge dieser Krise eines Besseren belehrt worden.

Doch das Ehrenamt hat uns nicht nur in der Flüchtlingskrise gerettet. Es hat auch die Deutschen an sich verändert. Die Menschen sind einander dank der ehrenamtlichen Arbeit wieder nähergekommen und haben das erste Mal seit langer Zeit wieder gespürt, was es heißt, in einer Solidargemeinschaft zu leben.

Ich bin überzeugt, dass diejenigen, die sofort bereit waren, den Geflüchteten zu helfen, die deutsche Mehrheitsgesellschaft bilden und sich unbeirrt auch weiter engagieren werden. So wie Bettina und viele andere deutsche Bürger ...

Düzen Tekkal, Februar 2016

1

Los geht's

April 2014: Schon wieder saß ich abends eingekuschelt in meiner Bettdecke vor dem Fernseher und musste durch die Nachrichten erfahren, dass Hunderte von Menschen auf der Flucht vor Hunger und Krieg im Mittelmeer ertrunken sind. Wie oft hatten die Medien schon davon berichtet? Und wie oft hatte ich mir schon gesagt, dass es nicht sein könne, dass wir Europäer tatenlos dabei zusehen, wie zigtausende bei der gefährlichen Überfahrt sterben?

Einmal mehr fühlte ich mich schuldig. Auch, weil ich von meinem sicheren Bett aus immer wieder aufs Neue das Leiden der anderen betrachtete und ein »Da muss doch etwas gemacht werden« vor mich hin murmelte, nur um dann schnell wieder zur Tagesordnung überzugehen, anstatt das zu tun, was meiner sozialen Verantwortung und meinen politischen Ansichten entspräche: den Geflüchteten zu helfen, die es bis in meine Stadt – Berlin – schaffen.

Und so beschloss ich an diesem Abend, nicht länger tatenlos zuzusehen, sondern mich endlich selbst zu engagieren. Auch, um mein Gewissen zu beruhigen. Denn wer von uns fühlt sich nicht zumindest etwas schuldig, wenn er die Bilder der am Strand angeschwemmten toten Geflüchteten sieht? Menschen, die nicht weit von uns entfernt eines elendigen Todes sterben, während wir uns Gedanken darüber machen, wo wir den nächsten Urlaub verbringen ...

Ja, natürlich haben wir ein Recht darauf. Und nein, es bringt nichts, wenn wir wegen ihres Leides den ganzen Tag weinend zu Hause sitzen. Am wenigstens den Menschen, die aus ihrer Heimat geflohen sind. Aber wäre es nicht anständig, ein bisschen von unserem Glück an vom Schicksal weniger begünstigte Menschen abzugeben?

2

Ehrenamt: Von der Idee zur Tat

Es gab allerdings noch ein kleines Problem bei meinem Wunsch nach Engagement – denn ich wusste nicht, auf welche Weise ich, vierzigjährige Berliner Mittelstands-Mutti, die Teilzeit als Journalistin und Yogalehrerin arbeitet, mich eigentlich für die in mein Land Geflüchteten einsetzen sollte. Geld, um ein anständiges Flüchtlingsheim zu bauen, hatte ich leider nicht, und Frau Merkel würde sich meine Gedanken zur Verbesserung der deutschen Flüchtlingspolitik sicherlich auch nicht anhören. Natürlich hätte ich meine Koffer packen, mir ein kleines Schiff kaufen und nach Italien fahren können, um die Geflüchteten eigenhändig aus dem Meer zu retten, wie manch andere das taten. Doch auch das schien mir zu ambitioniert. Und wir alle wissen ja, was geschieht, wenn man sich als Sportmuffel überengagiert im Fitnessstudio anmeldet: Man geht ein Mal hin – und dann nie wieder. Ebenso würde es mir wahrscheinlich mit der ehrenamtlichen Arbeit ergehen, wenn ich mir meine Ziele von Anfang an zu hochsteckte. Deshalb wollte ich lieber mit etwas Simplem und Überschaubarem beginnen. Einsatzbereiche gab es dabei viele: von Suppe ausschenken über Deutschunterricht geben bis zu Kleider sortieren.

Wobei es mir im ersten Moment am wichtigsten erschien, den Menschen, die in unser Land kamen, unsere Sprache beizubringen, damit sie sich integrieren könnten.

Meine Mutter, mit der ich mich noch am selben Abend am Telefon über mein Vorhaben unterhielt, hatte diesbezüglich jedoch einige Bedenken. Insbesondere, was meine Kompetenzen anging.

»Du willst doch nicht wirklich unterrichten?«, fragte sie, ehemals selbst Lehrerin, skeptisch. »So ungeduldig, wie du bist, verlieren die doch schon in der ersten Stunde den Glauben an sich ...«

Das fand ich jetzt zwar etwas übertrieben, lenkte aber ein und schlug meiner Mutter die diversen anderen Hilfsmöglichkeiten vor. Dann würde ich eben Essen austeilen oder mich in der Kleiderkammer engagieren.

»Hm«, sagte meine Mutter daraufhin, noch immer nicht so recht von meinem Vorhaben überzeugt, »irgendwie habe ich die Befürchtung, dass du denen nur im Weg stehen wirst.«

Was sollte das nun schon wieder? Meine Mutter tat manchmal wirklich so, als wäre ich sozial komplett inkompetent.

»Das habe ich nicht gesagt«, verteidigte sie sich, »aber, sagen wir es mal so, dir fällt es etwas schwer, dich in Gruppen und deren Hierarchien zu integrieren.«

»Dann lass ich es eben ganz bleiben!«, motzte ich beleidigt zurück.

»Aber Bettina, darum geht es doch gar nicht!«, lenkte meine Mutter ein. »Du solltest dir einfach vorher ganz genau überlegen, wie du dich sinnvoll einbringen kannst. Sonst bist du nach dem dritten Mal Suppe ausschenken komplett desillusioniert. Und genau das ...«, erklärte sie mir in ihrer fürsorglichen Art, »... sollte nicht geschehen. Denn wenn du dich entschließt zu helfen, dann übernimmst du auch ein Stück weit Verantwortung für die Menschen, die dort hinkommen und mit dir und deinem Einsatz rechnen.«

Huch, das gefiel mir jetzt aber gar nicht. Ich begann, kalte Füße zu bekommen, gehörte ich doch zur Generation »Sich immer schön alle Möglichkeiten offenhalten«, die, wann immer es ging, vermied, Verantwortung zu übernehmen.

Nachdenklich beendete ich das Telefongespräch und fragte mich, ob vielleicht die Aussicht, in die Pflicht genommen zu werden, mich so lange davon abgehalten hatte, mich ehrenamtlich zu engagieren. Denn mit meinen Jobs als Yogalehrerin und Autorin war ich eigentlich schon ziemlich ausgelastet. Zudem hatte ich noch einen Dritt-Job als Waldorf-Mutti – alle Eltern, die ihr Kind ebenfalls auf einer Waldorfschule haben, wissen, wovon ich spreche: Kuchen backen, einmal im Monat Elternabend und alle Nase lang irgendein Fest, bei dem man helfen muss. Alles gut und schön. Nur blieb mir dabei kaum noch Zeit für meinen Mann, geschweige denn für meine eigenen Hobbys. Und wann hatte ich eigentlich das letzte Mal ein Buch gelesen?

Also doch lieber Geld spenden und sich wieder in den Sessel zurücklehnen?

Nein, befahl mir mein politisches Gewissen, so schnell darfst du nicht aufgeben!

Aber wächst dir dein Leben nicht jetzt schon über den Kopf, warf da das große Zaudern ein. Willst du dir wirklich noch zusätzlichen Stress einhandeln?

Ich lag mit mir selbst im Clinch. Wie schon seit Jahren.

Doch dann kam mir die rettende Idee: Yoga ... ich könnte doch Yoga unterrichten! Das war ein zeitlich begrenzter und überschaubarer Rahmen, in dem ich niemandem groß Rechenschaft schuldig war. Zudem konnte jeder mitmachen, ganz gleich, aus welchem Land er stammte oder wie alt er war.

Perfekt! Mein Plan stand. Nun musste ich ihn nur noch in die Tat umsetzen. Doch das sollte ja wohl kein Problem sein. Dachte ich. Und weil ich gerade einmal so gut in Fahrt war, begann ich sofort zu recherchieren, ob und wo es Flüchtlingsheime in meiner Nähe gab. Allerdings war es gar nicht so leicht, herauszufinden, wo man anrufen konnte, wenn man sich ehrenamtlich engagieren wollte. Also schrieb ich mir kurzerhand die Nummern der zwei erstbesten Heime auf, in der Hoffnung, dort an den Richtigen zu geraten. Was, wie ich sehr schnell herausfand, schwieriger war als gedacht.

Denn statt eines Sozialarbeiters, der sich ordentlich mit Namen und Funktion vorstellt, so wie man es in Deutschland gewohnt ist, hauchte mir wenig später eine verrauchte Stimme am anderen Ende der Leitung nur ein belangloses »Hallo?« entgegen.

»Hi«, sagte ich ganz aufgeregt, »ich würde gern mit jemandem sprechen, der für die ehrenamtliche Arbeit bei Ihnen zuständig ist …«

»Also ich kümmere mich um die Toiletten«, erwiderte die unbekannte Dame mit der Nina-Hagen-Stimme. »Vielleicht rufen's beim Empfang an?«, riet sie mir noch kurz angebunden … und ehe ich mich's versah, hörte ich auch schon ein Tuten in der Leitung. Aufgelegt!

Verwirrt klickte ich mich durch das Internet auf der Suche nach einer weiteren Nummer besagter Institution, doch vergeblich.

Entweder war ich zu blöd oder die wollten nicht erreicht werden.

Also rief ich, um nicht schon wieder bei der Dame von der Sanitäranlagen-Reinigung zu landen, direkt die zweite Adresse auf meiner Liste an.

»Hallo?«, dröhnte mir diesmal eine tiefe Männerstimme entgegen.

Ich wiederholte mein Anliegen und wurde dann auch tatsächlich weiterverbunden. So unkompliziert konnte das also gehen – und schon hatte ich einen verantwortlichen Mitarbeiter der Unterkunft am Apparat. Der sich, wie es sich gehört, mit Namen und Funktion – Herr Kaldeira, Heimleiter – vorstellte.

»Einen Yogakurs?«, fragte er etwas irritiert.

»Ja, ich dachte, bevor sich die Geflüchteten den ganzen Tag langweilen und an die Decke starren …«

»Ich glaube, Sie machen sich da komplett falsche Vorstellungen«, unterbrach mich Herr Kaldeira am anderen

Ende der Leitung. »Sie glauben gar nicht, was die alles an Formalitäten zu erledigen haben.«

»Ach so ... ich dachte ...« Ja, was dachte ich eigentlich? Dass die den ganzen Tag Däumchen drehten?

»Was halten Sie davon, wenn wir für die nächste Woche einen Termin vereinbaren, um uns erst einmal kennenzulernen?«, schlug er da vor, während ich noch meinen Gedanken nachhing.

Ich nickte. Obwohl es keiner sah.

Mein Projekt begann ganz langsam Konturen anzunehmen.

Noch völlig beseelt von der Vorstellung, bald schon offiziell zu den guten Menschen dieser Welt zu gehören, eilte ich in mein Yogastudio, um dort meine wöchentliche Unterrichtsstunde zu geben. Dort angekommen konnte ich nicht anders, als der erstbesten Schülerin, die mir über den Weg lief, von meinem Vorhaben zu erzählen. Doch sie fiel mir weder um den Hals, noch lobte sie mich für mein selbstloses Vorhaben. Stattdessen sah sie mich irritiert, ja, fast schon angewidert an.

»Hast du denn gar keine Angst, dir dort etwas zu holen?«, fragte sie mich nach einer Weile.

Ich stutzte. Was meinte sie damit? Dass ich mir mit dieser Aufgabe zu viel Verantwortung, zu viel Arbeit oder zu viel sozialen Stress aufhalste?

»Ich meinte Krankheiten, Läuse oder so 'n Zeug«, konkretisierte sie ihr Anliegen.

Einer Comicfigur wären in diesem Moment vor Erstaunen die Augen aus dem Gesicht geschossen. Mir verschlug es nur die Sprache. Hatte ich gerade richtig gehört? Hatte diese moderne junge Frau, von der ich bis vor drei Sekunden dachte, dass sie super aufgeschlossen wäre, mich wirklich gerade gefragt, ob ich nicht befürchtete, mich bei diesen armen, hilflosen und heimatlosen Menschen mit irgendwelchen Krankheiten anzustecken? War das wirklich dieselbe Frau, die mir jeden Freitagabend beim Yoga gegenübersaß und mit mir gemeinsam Mantras für den Weltfrieden und die Freiheit aller Menschen und Tiere sang?

Ich muss etwas geschockt ausgesehen haben. Nur leider bekam sie diese Gefühlsregung meinerseits in den falschen Hals.

»Mach dir keine Sorgen! Wird schon nix passieren.« Dann schaute sie mich besorgt an: »Oder bist du etwa nicht geimpft?«

Eine Woche später saß ich dem freundlichen Mitarbeiter des Flüchtlingsheims gegenüber. Mit roten Backen und einer Tasse Kaffee in der Hand.

Allein schon der Weg zu seinem Büro war abenteuerlich gewesen. Denn das Heim lag nicht etwa in einem stinknormalen Wohngebiet, sondern fernab aller anderen menschlichen Behausungen im industriellen Niemandsland, einen zehnminütigen Fußmarsch von der nächsten U-Bahn-Station entfernt. Um das Gelände war ein Stacheldrahtzaun gezogen, als wenn es sich um ein Gefängnis handelte. Am Eingang saßen zwei Sicherheitsmenschen in einem Wärterhäuschen und kontrollierten, wer ein- und ausging.

Angesichts dieser gefängnisartig anmutenden Atmosphäre stieg in mir automatisch das beklemmende Gefühl hoch, in Gefahr zu sein, obwohl alle Bewohner mich mehr als freundlich behandelten.

Verschüchtert näherte ich mich dem Wärterhäuschen, an dem gerade zwei arabisch aussehende Männer ihre Ausweise vorzeigten, indes ich, mitteleuropäische Frau mit langen blonden Haaren und blauen Augen, die Security gar nicht zu interessieren schien. Ob das auch so gewesen wäre, wenn ich sichtbar einen Migrationshintergrund hätte? Wahrscheinlich nicht. So hätte ich völlig unbehelligt eine Bombe mit in das Heim schmuggeln können. Aber zum Glück wollte ich mich ja nur ehrenamtlich engagieren.

Im Hof des Heims spielten Kinder mit einem Fußball oder besser dem, was davon noch übrig war, während die Männer auf den wenigen Bänken saßen, rauchten und mit leerem Blick in die Luft starrten. Was sie wohl in ihrem Land und auf der Flucht alles gesehen hatten? Ich konnte und wollte es mir nicht vorstellen. Mir reichte schon, was ich im Fernsehen mitbekommen hatte, damit mir ein Schauder den Rücken hinunterlief. Und auch der Anblick der heruntergekommenen Gebäude, die mit Graffitis besprüht waren, gab mir kein besonders gutes Gefühl.

Nach langem Suchen und Fragen fand ich endlich das Gebäude, in dem der Heimleiter sein Büro hatte. Der graue eingeschossige Kasten erinnerte an die Aufenthaltscontainer auf Baustellen. Und auch im Inneren sah es nicht viel freundlicher aus. Auch wenn die Sekretärin, die am Eingang saß, versuchte hatte, den Raum mit bunten Plakaten und roten Geranien etwas wohnlich zu gestalten.

Nachdem ich mein Anliegen vorgetragen hatte, rief sie beim Heimleiter an, der mich nur wenige Minuten später am Eingang in Empfang nahm.

»Sie wollen hier also Yogaunterricht anbieten?«, kam er ohne große Umschweife direkt zum Thema.

Ich streckte ihm die Hand entgegen.

»Bettina Schuler, freut mich!«

»Entschuldigung«, antwortete er lachend. »Wir stehen hier alle unter einem solchen Zeitdruck, dass wir die Umgangsformen völlig vergessen haben.«

Er gab mir die Hand.

»Kaldeira, verantwortlicher Heimleiter.«

Er drehte sich um und fragte mich, während er auf einen kleinen Raum im hinteren Teil des Gebäudes wies: »Wollen wir vielleicht dort in Ruhe über alles reden?«

»Gern!«, erwiderte ich in der Hoffnung, einen Kaffee zu bekommen. Ein Wunsch, der sich, wie mir der Anblick einer Thermoskanne plus Milch, Keksen und Tassen auf dem Tisch signalisierte, sogar erfüllen könnte.

Wir setzten uns, und Herr Kaldeira schenkte uns beiden ungefragt einen Kaffee ein. Er schob mir den größeren der beiden Becher hin, und ich goss mir noch einen Schluck Milch hinein, indes er gleich loslegte.

»Sie wollen also hier wirklich Ihr Glück versuchen und einen Yogakurs anbieten?«, fragte er mich und zog skeptisch seine buschigen Augenbrauen zusammen.

Ich nickte bescheiden. »Oder ist das eine alberne Idee?«

»Das passt perfekt!«, nahm er mir sogleich meine Bedenken, »die Frauen wollen schon lange etwas für ihren Körper tun. Aber ...«, fuhr er fort und zuckte resigniert mit den Schultern, »... wir sind froh, wenn wir unsere tagtägliche Arbeit erledigt bekommen. Sie sehen ja selbst, was hier los ist.«

Oh ja, das hatte ich beim Überqueren des Hofes und beim Betreten des Gebäudes durchaus gesehen: Frauen, die in der Schlange vor den Waschmaschinen warteten oder versuchten, auf ihren kleinen improvisierten Kochstationen in den Zimmern etwas zu essen für sich und ihre Familien zuzubereiten; Kinder, die in durchgelaufenen Schuhen Fußball spielten; und Sozialarbeiter, die von einer Traube von Menschen umringt waren, nicht wissend, um wen sie sich zuerst kümmern sollten.

»Glauben Sie denn«, fragte ich ihn zurückhaltend, »dass die Frauen irgendwelche Vorbehalte gegenüber Yoga haben?«

Schweigen.

»Ich meine, so religiös gesehen ...«

»Ach«, sagte der freundliche Heimleiter und machte eine wegwerfende Handbewegung, »da würde ich mir keinen Kopf machen. Hauptsache, die Frauen kommen mal wieder dazu, sich zu bewegen und ...«

Da wurden wir auch schon von einer gut aussehenden Endvierzigerin mit mittellangen blonden Haaren unterbrochen, die mit lautem Gepolter das Zimmer betrat. In der rechten Hand hielt sie ein Handy, in der linken eine Kaffeetasse und unter ihren Arm hatte sie eine Aktenmappe geklemmt.

»Eigentlich habe ich überhaupt gar keine Zeit«, war das Erste, was sie sagte. »Es gibt noch mindestens zwanzig Neuankömmlinge, die auf mich warten.«

»Das ist unsere überaus engagierte Sozialarbeiterin Frau Stork«, erklärte mir Herr Kaldeira ungerührt, »sie wird sich um Ihr Anliegen kümmern.«

»Wann soll ich das denn machen?«, lautete die patzige Antwort.

So viel zum Thema »Freude über Hilfsbereitschaft«, dachte ich und sank in mich zusammen.

»Ich kann auch ein anderes Mal wiederkommen«, versuchte ich, die Lage zu entspannen.

»Sie bleiben schön hier!«, bestimmte der sympathische Herr Kaldeira und tätschelte mir beruhigend den Arm.

»Jetzt muss ich mich also auch noch um Menschen mit Helfersyndrom kümmern«, grummelte Frau Stork verärgert vor sich hin.

Hallo? Um mich musste man sich nicht kümmern! Und überhaupt ... Helfersyndrom ... was bildete die sich eigentlich ein?

Aber Frau Stork war jetzt erst so richtig in Fahrt gekommen: »Wir sind hier doch kein Zoo, in den man geht, um sich Geflüchtete in ihrer natürlichen Umgebung anzusehen!«

»Das wollte ich doch auch gar nicht!«, versuchte ich mich empört zu verteidigen.

»Sondern? Ihr schlechtes Gewissen beruhigen?«, fragte sie und blickte mir dabei forsch in die Augen.

»Ja also ... ich ... ich ...« Ja, was wollte ich eigentlich? Denn natürlich ging es auch darum, mein schlechtes Gewissen zu beruhigen. Aber zugleich auch um mehr. Denn ich wollte meine Zeit, die wahrlich knapp bemessen war, wirklich für etwas Gutes einsetzen. Für mich, eine Frau mit klassischer Doppelbelastung – Familie und Job – durchaus ein Opfer, wenn ich ehrlich sein sollte, das ich aber bereit war, für den guten Zweck zu bringen.

Und was hatte ich als Gegenleistung für dieses Opfer erwartet? Dass sie mir den roten Teppich ausrollten und eine Medaille für besonders gute Menschen umhängten? Oder ging es eventuell letztlich doch nur darum, dass ich mich demnächst, wenn ich beim Essen mit Freunden über die Flüchtlingskrise sprach, besser fühlen konnte, nur weil ich ein kleines bisschen half und nicht mehr nur zuschaute? War das nicht auch wieder eine Form von Egoismus und Selbst-Optimierung? Wollte ich vielleicht nicht nur eine erfolgreiche Frau mit Mann und Kind, sondern auch noch ein Ach-so-guter-Mensch sein? Fünfzehn Punkte mit Sternchen, setzen!

»Frau Stork meint das natürlich nicht so«, unterbrach der Heimleiter meine wilden Gedankengänge.

Der Blick, den mir die taffe Frau zuwarf, sprach eine andere Sprache.

»Kommen Sie«, sagte er und stand auf, »ich zeige Ihnen die Räume.«

Ich erhob mich und streckte der Sozialarbeiterin meine Hand entgegen.

»Hat mich trotzdem gefreut, Sie kennenzulernen.«

Sie murmelte irgendetwas zurück und schrieb dabei eine SMS. Ich konnte ihr noch nicht einmal böse sein angesichts dieser Unhöflichkeit, denn wie viele Gutmenschen wie mich musste sie wohl schon ertragen haben?

Wenig später fand ich mich in einem stickigen kleinen Raum wieder, der mich rein äußerlich an das Innere eines Dixi-Klos erinnerte.

»Hier«, erklärte mir der Heimmensch, »das ist unser Aufenthaltsraum!«

Aufenthaltsraum? Sollte das nicht ein Ort sein, an dem man sich wohlfühlte und gern aufhielt, und keiner, den man innerhalb von zwei Sekunden sofort wieder fluchtartig verlassen wollte?

»Ich weiß«, sagte er, als könnte er meine Gedanken lesen. »Wir würden uns auch wünschen, dass es hier etwas wohnlicher aussieht. Aber Sie haben ja bemerkt«, fuhr er fort, »wie viel wir hier zu tun haben. Da bleibt kaum Zeit, sich auch noch um solche Dinge zu kümmern, auch wenn es wichtig ist.«

Ich verfolgte aus dem Augenwinkel heraus, wie Frau Stork mit dem Handy am Ohr über den Flur eilte und dabei hektisch in ein Brötchen biss. Ja, nicht einmal zum Essen schienen die Verantwortlichen hier Zeit zu haben.

Nachdem ich mich verabschiedet hatte, schlenderte ich nachdenklich über den Hof des Geländes. Sofort versammelte sich eine Schar Kinder um mich, die alle versuchten, meine Aufmerksamkeit auf sich zu lenken. Im Vergleich zu meiner Tochter, die einem Fremden niemals die Hand geben würde, wirkten diese Kinder seltsam zutraulich. War das nicht ein gutes Zeichen? Dass sie trotz Flucht und Kriegserfahrung fröhlich waren? Und sich gegenüber völlig fremden Menschen aufgeschlossen zeigten?

»Im Gegenteil«, erklärte mir später eine Freundin, die Psychologin ist. »Diese Distanzlosigkeit ist Zeichen eines gestörten Bindungsverhaltens. Sprich, die Kinder machen zwischen fremden und vertrauten Menschen keinen Unterschied, weil sie das in der entscheidenden Entwicklungsphase durch Umbrüche oder fehlende Bezugspersonen nicht lernen konnten …«

Und was vermochte man dagegen zu tun?

»Das Wichtigste für diese Kinder ist ein stabiles Umfeld und Verlässlichkeit. Das Gleiche gilt übrigens auch für traumatisierte Erwachsene.«

Doch wie sollten sie in den Genuss dessen kommen, wenn sie von einem Lager ins nächste verlegt wurden und jeden Tag darum bangen mussten, ob sie in Deutschland Asyl erhalten würden?

Ich begann immer besser zu verstehen, warum die Sozialarbeiterin so skeptisch auf mein Angebot reagiert hatte. Wahrscheinlich hatten schon zahlreiche Menschen vor mir ihre Hilfe angeboten, waren drei- bis viermal gekommen, um ihr Gewissen zu beruhigen, und dann, als die Bewohner sich an sie gewöhnt hatten, weggeblieben, weil es eben doch anstrengender war als gedacht. Oder der Termin schlicht und ergreifend nicht mehr in ihren übervollen Kalender passte. Doch wer konnte es ihnen übel nehmen?

Kind, Ehe, Karriere – wir alle waren durch unsere alltäglichen Aufgaben stark eingebunden. Wenn wir uns überfordert fühlten, strichen wir natürlich als Erstes jene Termine, die weder die Familie noch den Beruf betrafen.

War ich also wirklich dazu bereit, selbst in anstrengenden Zeiten ins Heim zu gehen? Und auch dann, wenn ich mich dazu viel zu erschöpft fühlte?

Ich wurde einmal mehr unsicher, zweifelte – und entschied mich dann doch dafür.

Nicht, weil ich ein besonders selbstloser Mensch bin. Sondern weil es schlicht und ergreifend meine Pflicht war als gut situierte Mitteleuropäerin ...

3

Deutscher als gedacht oder: Warum ein Smartphone beim Yoga durchaus Sinn macht

Ich habe wirklich schon viele Yogastunden unterrichtet, doch so aufgeregt wie ich vor meiner ersten Klasse im Flüchtlingsheim war, bin ich noch nicht einmal am Tag meiner Yogalehrer-Prüfung gewesen. Nicht etwa, weil ich Angst vor diesen unbekannten Menschen aus anderen Ländern verspürte, sondern weil ich nicht wusste, was für Erlebnisse und Schicksale sie mit in den Unterricht brachten. Denn dass Emotionen und auch schlechte Erfahrungen durch das Yoga an die Oberfläche kommen, das hatte ich schon zur Genüge in meinen Unterrichtsstunden erlebt. Doch was war schon eine Ehekrise im Vergleich zu einer traumatischen Kriegserfahrung, in die ich mich nicht ansatzweise hineinversetzen konnte?

Wäre es nicht doch besser gewesen, so ging es mir durch den Kopf, wenn ein ausgebildeter Psychologe oder noch besser ein Psychiater diese Aufgabe übernehmen würde, anstatt mir, einer Frau, die im Rucola-Bezirk Prenzlauer Berg Yoga für erfolgreiche Hipster gab?

Ich begann im Netz zum Thema Yoga und Trauma zu recherchieren und stieß dabei auf ein Buch des Yogalehrers David Emerson und der Psychiaterin Elizabeth Hopper, die in Amerika versuchen, mit einer Mischung aus Yoga und Gesprächstherapie traumatisierten Menschen zu helfen. Denn da sich laut Emerson und Hopper jedes Trauma nicht nur im Kopf, sondern auch im Körper festsetzt, musste es auch auf beiden Ebenen, im Körper durch das Yoga und im Kopf durch die Psychotherapie, beseitigt werden. Ansonsten kann es durch Reize wie bestimmte Gerüche, Berührungen, Geräusche, die sogenannten Triggerpunkte, jederzeit wieder aktiviert werden.

Als ich meinem Mann beim Abendessen von diesem Ansatz erzählte, gab der sich jedoch recht skeptisch.

»Prinzipiell finde ich es super, wenn du im Flüchtlingsheim Yoga unterrichtest«, sagte er angestrengt auf einem Stück Pizza herumkauend. »Aber ich glaube, du darfst dir bei diesem Vorhaben die Ziele nicht zu hochstecken. Du bist keine Psychiaterin und wirst es innerhalb einer Woche auch nicht werden«, gab er zu bedenken.

»Das weiß ich doch«, gab ich zurück und stahl ihm sein letztes Stück Pizza vom Teller. »Aber das Buch zeigt, dass meine Idee in die richtige Richtung geht!«

»Was man von deinen Tischmanieren nicht gerade behaupten kann«, erwiderte mein Mann, während ich genüsslich kaute. »Ich glaube allerdings trotzdem, dass es besser ist, wenn du nicht mit allzu großen Erwartungen hingehst.«

Ich sollte also meine Erwartungen nicht zu hochstecken, nahm ich mir vor, als ich an meinem ersten Tag die Treppe zu dem kleinen Aufenthaltsraum hochstieg, in dem ich meinen Kurs abhalten sollte. In jenem Augenblick wäre ich jedoch schon froh gewesen, wenn ich die Matten und Klötze, die ich in einer Reisetasche nach oben schleppte, endlich hätte ablegen können.

Die Wände des Treppenhauses waren dreckig und mit Zeichnungen und Sprüchen in den unterschiedlichsten Sprachen beschmiert: »Free Syria«, »No War«, oder auch: »I love Germany.« Da waren die Bewohner des Heims anscheinend schon weiter als ich, denn Achtzigerjahre-sozialisiert, wie ich es war, tat ich mich wie die meisten Deutschen meiner Generation mit der Identifikation mit meinem Land überaus schwer.

Oben angekommen ging ich zuerst zum Dienstzimmer des zuständigen Sozialarbeiters, das auf derselben Etage wie der Aufenthaltsraum lag. Doch anstatt Frau Stork saß dort ein freundlich dreinblickender Mittzwanziger, der gerade in ein Gespräch mit einem verzweifelt aussehenden Geflüchteten vertieft war.

Ich klopfte an, obwohl die Tür weit offen stand.

»Hallo«, sagte ich schüchtern, obwohl Schüchternheit sonst nicht zu meinen Eigenschaften zählt. Doch in dieser Situation war selbst ich zurückhaltend.

»Ach, du musst die Yogalehrerin sein«, erwiderte er sogleich.

»Frau Stork hat mir schon von dir erzählt.«

»Bettina«, stellte ich mich vor.

»Jens«, antwortete er. »Sozialarbeiter am Rande eines Nervenzusammenbruchs.«

»Verstehe«, sagte ich und nickte dem Mann zu, der an Jens' Schreibtisch saß und mich aus traurigen Augen ansah.

»Wir überlegen gerade, wie wir seinem Sohn einen Platz an einer Schule verschaffen können«, erklärte mir Jens, »denn leider ist das nicht so einfach, wie man denkt.«

Ich nickte beflissen, als wüsste ich, wovon er sprach.

»Hammoud ist mit seinem Vater vor zwei Jahren aus Damaskus geflohen. Da war er 16 Jahre alt. Nun will er hier in Deutschland seinen Abschluss nachholen, was jedoch leider alles andere als leicht ist, weil ...«, fuhr er fort, »... weil er mittlerweile schon volljährig ist.«

»Was heißt das?«, fragte ich nun doch interessiert.

»Das heißt, dass er nicht mehr schulpflichtig ist und dementsprechend auch kein Anrecht auf einen Schulplatz hat. Natürlich kann ihn eine Schule aufnehmen, wenn sie will. Doch die wenigsten haben Lust darauf, sich mit einem geflüchteten Jungen Extra-Arbeit ins Haus zu holen.«

Jens seufzte.

»Aber es gibt doch sicherlich ehrenamtliche Helfer, die den Geflüchteten hier zumindest schon einmal Deutsch beibringen?«

Jens nickte.

»Ja, aber der Unterricht findet meistens nur einmal in der Woche statt und ist dadurch natürlich nicht so effektiv, als wenn er gleich in eine deutsche Schule ginge.

Abgesehen davon, dass er hier natürlich keinen Abschluss machen kann und dafür wieder eine Abendschule oder ähnliches besuchen müsste. Außerdem«, fügte er nach einer kurzen Pause leise hinzu, »und das ist eigentlich das Wichtigste, muss der Junge unter Gleichaltrige. Wie soll er sich denn sonst hier integrieren?«

Ich wusste nicht, was ich sagen sollte. Bisher hatte ich mir über solche Probleme keine Gedanken gemacht. Und obwohl ich für Integration und die Aufnahme von Geflüchteten war, hatte ich keine Ahnung von den Details des deutschen Asylgesetzes. Geschweige denn vom Recht der Asylbewerber auf Bildung.

»Komm«, sagte Jens da aber bereits und versuchte dem Mann vor ihm mit Händen und Füßen zu erklären, dass er gleich wiederkomme, »ich schließ dir den Raum auf.«

Ich nickte mechanisch. Noch immer in Gedanken vertieft. Vielleicht war das mit dem Yoga doch eine dämliche Idee gewesen. Hätte ich nicht besser einen Deutschkurs anbieten sollen, wenn es so viele Geflüchtete gab, die begierig darauf waren, hier einen Abschluss zu machen? War das nicht auch viel wichtiger als dreimal hintereinander tief ein- und auszuatmen? Meine Idee schien mir auf einmal lächerlich und naiv zu sein.

»Da sind wir schon«, unterbrach Jens meinen Gedankenfluss und öffnete die Tür zum Aufenthaltsraum. Er sah noch viel schlimmer aus als beim letzten Mal! Der Boden war übersät mit schokoverschmierten Papierservietten und Kuchenkrümeln.

»Da hat wohl jemand eine Party gefeiert«, kommentierte Jens gelassen das Chaos und grinste mich an.

»Sorry«, sagte er, »ich würde dir ja helfen, aber ich muss dringend zurück.«

Er klopfte mir freundschaftlich auf die Schulter.

»Willkommen in meinem Leben«, bemerkte er – und schon war er weg und ließ mich mit dem Chaos allein.

Jetzt war ich es, die seufzte.

Doch dank meines Kindes, auch »Mini-Messie« genannt, war ich im Aufräumen sehr schnell und effektiv.

Ich war gerade dabei, die Servietten vom Boden aufzusammeln, als jemand zaghaft an die Tür klopfte.

»Immer herein mit euch«, sagte ich betont fröhlich, noch immer damit beschäftigt, den Dreck aufzulesen.

»Findet hier die Yogastunde statt?«, fragte mich da eine weibliche Stimme leise auf Englisch.

»Ganz genau!«, erwiderte ich und drehte mich zur Tür, wo mich eine arabisch aussehende Frau mit halblangen fast schwarzen Haaren und großen braunen Augen ansah.

Mein Herz pochte. Meine erste Schülerin. Was sollte ich sagen? Was sollte ich tun? Und überhaupt, gab es irgendwelche Gebräuche zu beachten, die ich nicht kannte? Durfte sie mir überhaupt die Hand geben?

Doch da hatte sie mir die ihre schon hingestreckt.

»Arwa«, stellte sie sich vor.

»Bettina«, erwiderte ich. »Du sprichst aber gut Englisch«, fügte ich nach einer Minute des Schweigens unbeholfen hinzu, um das Eis zu brechen.

Hatte ich das wirklich gerade gesagt? Hatte ich einer Frau, die ich seit dreißig Sekunden kannte, unterstellt, dass sie, nur weil sie aus dem Nahen Osten kam, schlechter Englisch sprechen müsste als wir Europäer? Dabei wusste ich noch nicht mal, aus welchem Land sie kam, geschweige denn, was sie dort gemacht hatte …

»Ich bin Englischlehrerin«, antwortete sie freundlich.

Ich lächelte. Eine von vielen Übersprungshandlungen, die ich noch an mir bemerken sollte. Und schwieg. Was sehr selten geschah. Aber ich wusste in diesem Moment tatsächlich nicht, was ich sagen sollte. Am liebsten wäre ich im Boden versunken.

Zum Glück jedoch traf in dem Augenblick schon eine weitere Schülerin ein.

»Hallo, ich bin Bettina«, stellte ich mich wieder auf Englisch vor.

Die asiatisch aussehende Mittvierzigerin lächelte und nickte mehrmals.

»Und du?«, versuchte ich es erneut.

»Vietnam«, war die Antwort.

Nun wusste ich immerhin schon, woher sie kam. Aber leider immer noch nicht, in welcher Sprache ich mit ihr kommunizieren konnte. Denn Vietnamesisch gehörte leider nicht zu meinem Repertoire.

»English?«, fragte ich hoffnungsvoll.

Sie schüttelte den Kopf.

»Deutsch?«, erkundigte ich mich wenig zuversichtlich.

Kopfschütteln.

Dann mussten wir uns eben, so gut es ging, mit Armen und Beinen verständigen!

Ich deutete ihr an, den Raum zu betreten, und zögernd folgte sie meiner Bitte.

»Wo sollen wir uns hinsetzen?«, fragte mich Arwa und schaute sich im Raum um.

Ich hatte völlig vergessen, meine Matten und die Hilfsmittel auszupacken. Und überhaupt, wo hatte ich eigentlich meine Reisetasche gelassen? Hektisch schaute ich herum, doch eine Tasche war nirgends zu sehen.

»Bin gleich wieder da«, erklärte ich Arwa und eilte in das Büro von Jens.

»Schon fertig?«, fragte er, als er mich in sein Zimmer stürmen sah.

»Hab nur die Hälfte vergessen«, erwiderte ich außer Atem, schnappte mir den Koffer und eilte zurück in den Aufenthaltsraum, wo die beiden Frauen unsicher herumstanden und nicht wussten, wohin mit sich.

»So, dann wollen wir mal«, sagte ich mehr zu mir selbst als zu den beiden Frauen und begann, die Yogamatten auf dem Boden auszurollen.

»Keine Sorge«, versuchte ich den beiden die Hemmungen zu nehmen, »Yoga ist weniger gefährlich, als es aussieht!«

Die Vietnamesin schaute immer noch sehr skeptisch. Sie konnte mich eben nicht verstehen.

Ich deutete einige Yogaübungen an und versuchte mit »Daumen hoch« zu signalisieren, dass Yoga durchaus

Spaß machte. Dabei kam ich mir unglaublich dämlich vor.

Doch immerhin folgten die beiden Frauen meinem Beispiel und setzten sich im Schneidersitz auf die Yogamatten.

Ich räusperte mich, nahm die Hände vors Herz und schloss die Augen. Die beiden taten es mir nach. Geräuschvoll begann ich ein- und auszuatmen. Die beiden Frauen versuchten es ebenfalls, aber es hörte sich bei ihnen eher wie eine Dampflok denn wie der yogische Ujjāyī-Atem an. Da gab es noch einiges zu lernen!

Ich stand auf, um den beiden meine Hand auf den Rücken zu legen. Doch noch bevor ich einen Schritt auf sie zu machen konnte, waren die beiden ebenfalls aufgesprungen.

»Nein, sitzen bleiben!«, sagte ich und fuchtelte mit den Armen, woraufhin die Vietnamesin ebenfalls mit den Armen zu fuchteln begann.

Nervös kratzte ich mich an der Nase. Beide taten es mir nach. Dann setzte ich mich wieder in den Schneidersitz und atmete tief ein und aus in der Hoffnung, dass sie mir das auch nachmachen würden. Zum Glück war es so. Damit war klar, dass ich mir gut überlegen musste, was ich vormachte. Denn natürlich hatten die beiden keine Ahnung, welche meiner Bewegungen ein Teil der Yogaübung war und welche nicht. Und daher konnte, wie ich gesehen hatte, selbst ein Nasekratzen als Übung interpretiert werden.

Also alles noch einmal zurück auf Anfang, sagte ich mir, nahm die Hände vor dem Herzen zusammen und schloss meine Augen. Nicht zu viel erwarten, hallten die Worte meines Mannes in meinem Kopf nach.

Nach einer Weile hörte ich, wie die beiden Frauen ebenfalls tiefer zu atmen begannen.

Vielleicht reichte das ja schon. Denn war es nicht mein Ziel, diesen Frauen durch das Yoga ein wenig Ruhe im Kopf und Erholung im Körper zu verschaffen?

Ich öffnete die Augen. Die beiden hatten die ihren geschlossen. Ich bildete mir ein, dass sie schon ein wenig entspannter aussahen.

Leise bat ich sie dann, ihre Augen zu öffnen. Was auch Arwas Nachbarin tat, nachdem diese sie sanft angestupst hatte.

Im Anschluss machte ich einige leichte Atem- und Yogaübungen vor, die sich von selbst erklärten und nur weniger Worte bedurften. Meine beiden Schülerinnen machten sie brav nach. Mein Konzept – wenn ich denn eins hatte – schien irgendwie aufzugehen.

Bis wir zum Ende kamen.

»Savasana!«

Die beiden schauten mich an, als hätte ich etwas Ungehöriges gesagt, denn natürlich wussten sie nicht, was das bedeutete. Es musste ja auch nicht jeder so ein Yogafreak sein wie ich.

»Im Yoga beschließt man jede Stunde mit Savasana, der Schlussentspannung«, erklärte ich ihnen. Dann legte ich mich, um zu demonstrieren, wie es ging, mit dem

Rücken auf die Matte und schloss die Augen. Ich deutete den beiden an, es mir gleichzutun. Was sie auch ohne zu zögern machten. Schlafen fand eben jeder gut.

Leise ging ich zu der kleinen Anlage, die ich mitgebracht hatte, und verband mein Handy mit ihr, um etwas Musik zu spielen. Schon nachdem die ersten Töne erklungen waren, sah ich, wie die Körper der beiden Frauen immer schwerer und schwerer wurden.

Ich setzte mich hinter Arwas Kopf und begann, sie mit der mitgebrachten Lavendel-Lotion zu massieren, ganz so, wie ich es auch in meinen regulären Yogastunden tat. Zunächst spürte ich ein sanftes Zucken, ausgelöst durch die unerwartete Berührung meinerseits. Hätte ich es beim ersten Mal vielleicht doch besser lassen sollen? Doch nach nur wenigen Massagegriffen begann Arwa sich zu entspannen, und ich spürte, dass sie die Massage genoss.

Ähnlich erging es mir bei der Vietnamesin, deren Nacken extrem verhärtet war. Kein Wunder, wenn man sich die ganze Zeit in Habachtstellung befindet und nicht weiß, wie es mit dem eigenen Leben weitergeht.

Als die Musik verklungen war, ging ich auf meine Matte zurück, setzte mich in den Schneidersitz und nahm ein letztes Mal die Hände vor dem Herzen zusammen. Die beiden Frauen begannen, sich langsam zu bewegen, und setzten sich verschlafen auf.

»Namasté«, sagte ich und verbeugte mich vor den beiden. Sie taten es mir nach, und Arwa flüsterte auf Deutsch:

»Danke. Vielen Dank!«

Beim Abendessen fragte mich mein Mann, wie meine erste Stunde im Flüchtlingsheim gewesen sei.

»Weißt du ...«, antwortete ich, »ich glaube, ich habe erst jetzt verstanden, warum meine Yogalehrerin in der Ausbildung immer wieder gesagt hat, dass Yoga nicht das neue Aerobic sei.«

»Ach?«, erwiderte mein Mann und schaute mich dabei kampfeslustig an. »Wenn du jetzt erleuchtet bist, dann können wir uns ja auch das Geld für deinen nächsten Yoga-Workshop sparen!«

Männer sind manchmal unerträglich.

Genau eine Woche später stand ich, eine Viertelstunde zu früh, hoch motiviert wieder vor dem Aufenthaltsraum. Netterweise hatte Jens, wie ich beim Hineingehen sah, in meiner Abwesenheit überall Flyer in Deutsch, Arabisch und Englisch aufgehängt, die auf meine Yogastunde hinwiesen. Vielleicht würden dadurch diese Woche ja noch mehr Schülerinnen zu meiner Stunde kommen?

Doch als ich zwanzig Minuten später noch immer allein auf dem Flur stand, wurde ich langsam etwas ungeduldig.

Endlich sah ich, wie Arwa gemeinsam mit einer Frau den Flur entlanggeschlendert kam.

»Das ist meine Freundin Samira«, stellte Arwa mir die Mittzwanzigerin mit den wunderschönen dunkelbraunen Augen vor. Im Gegensatz zu Arwa trug sie einen schwarzen Hidschab, ein traditionelles islamisches Kopftuch, welches das Gesicht frei lässt und Haare, Ohren und Hals bedeckt. Ansonsten war sie mit Bluejeans und rotem Longsleeve genauso gekleidet wie die meisten deutschen Frauen ihres Alters.

»Hi, nice to meet you«, begrüßte sie mich in akzentfreiem Englisch.

Wenn die alle so gut Englisch sprachen, würde ich vor Scham kein Wort mehr herausbringen! Doch zum Glück hatte ich keine Zeit, mir weiter Gedanken über meine Sprachkenntnisse zu machen, da schon die nächsten beiden Frauen ankamen, die Arwa und Samira freudig und mit zahlreichen Küsschen begrüßten. Auch sie trugen wie Samira einen Hidschab.

»Zwei Freundinnen. Mona und Rasha. Ebenfalls aus Syrien«, stellte mir Arwa die beiden vor.

»Dürfen sie mitmachen?«

Aber natürlich, dafür war ich ja da. Doch die Zeit drängte, wie mir ein Blick auf die Uhr verriet, denn ich musste meine neunjährige Tochter pünktlich aus dem Schulhort abholen.

Da kam er schon wieder, der Zeitdruck, den jede Mutter eines Grundschulkindes kennt. Und sofort, als ich diesen Druck verspürte, stellte ich mir wieder die Frage, ob der Yogakurs im Heim wirklich eine gute Idee gewesen war. Sollte ich mich nicht besser um das Wohlergehen meines Kindes kümmern, es früher aus dem Hort abholen, als um die Bedürfnisse von wildfremden Menschen? Zweifel über Zweifel, weshalb ich mich sogleich erkundigte, ob wir nicht anfangen könnten. Langsam wurde ich etwas gereizt.

»Sicher«, antwortete Arwa, die meine Verärgerung spürte, und lotste ihre Freundinnen in den Raum, derweil sie weiter ununterbrochen redeten.

Endlich, dachte ich, als ich die Tür schloss, es konnte losgehen.

Nachdem ich die Yogamatte ausgerollt hatte, standen, abgesehen von Arwa, die es sich schon auf ihrer Matte bequem gemacht hatte, alle anderen Frauen noch immer unschlüssig im Raum herum.

Wieder sprach Arwa zu ihnen auf Arabisch. Samira gab leise etwas zurück. Dann fragte sie mich, ob wir nicht die Tür abschließen könnten.

Ich muss recht verdutzt ausgesehen haben, denn sie beeilte sich, mir zu erklären, dass sie ihre Kopfbedeckung ansonsten nur ungern abnehmen würden: »Es könnten ja jederzeit Männer den Raum betreten!«

Daran hatte ich natürlich nicht gedacht. Wie gut, dass ich die Gruppe nicht für Männer und Frauen angeboten hatte. Das wäre ja komplett nach hinten losgegangen ...

Schnell besorgte ich mir also bei Jens den Schlüssel und verschloss die Tür dann von innen. Und nur wenige Sekunden später hatten alle Frauen ihren Hidschab abgenommen.

Bisher war ich in meinem Leben so gut wie nie mit Frauen, die Kopftuch trugen, in Berührung gekommen. Und ja, wenn ich eine Frau in einem schwarzen

Ganzkörperschleier auf der Straße sah, dann berührte mich das komisch. Aber wie oft war das eigentlich gewesen? Ein- oder zweimal in meinen zehn Jahren in Berlin? Und hatten die restlichen muslimischen Frauen, die ich gesehen hatte, ihre Haare meist nicht nur mit einem Kopftuch bedeckt, das farblich perfekt zum Rest des Outfits passte?

Und störte mich das? Nein. Überhaupt nicht. Ich konnte diesen Frauen wie allen anderen auch ins Gesicht sehen. Nur, dass sie anstelle einer Mütze, wie sie viele Berlin-Mitte-Hipster mittlerweile sogar im Sommer bei vierzig Grad im Schatten trugen, ihre Haare eben mit einem Hidschab bedeckten.

Doch wie war das eigentlich, wenn man bei sich zu Hause war?

»Tragt ihr dort auch die ganze Zeit euren Hidschab? Oder legt ihr ihn wie einen Hut direkt am Eingang ab?«, fragte ich Samira.

»Ja, klar«, antwortete sie und sah mich dabei an, als hätte ich sie gefragt, ob die Erde eine Scheibe sei. »Vor Männern aus der Familie müssen wir unsere Haare natürlich nicht bedecken.«

Und Arwa, warum trug sie eigentlich keinen Hidschab?

Sie zuckte mit den Schultern.

»Bei uns in der Familie war das nicht üblich«, gab sie zurück.

Störte das die anderen?

Arwas Freundinnen lachten.

»Wieso sollte es?«, erwiderte Mona. »Das kann jede Frau halten, wie sie will«, sagte sie und setzte sich erwartungsvoll auf die Yogamatte.

Ich war erstaunt über so viel Toleranz, denn bisher hatte ich immer gedacht, dass es für alle Frauen, die im Nahen Osten lebten, problematisch sei, sich dem Tragen des Kopftuches zu entziehen.

»Ja, aber«, fragte ich deshalb etwas irritiert, »muss man das denn in Syrien nicht?«

Die Frauen schauten verständnislos.

»Nein, natürlich nicht«, antwortete Mona sichtlich irritiert.

»Ich dachte, dass sei für Moslems Pflicht ...«, nuschelte ich, peinlich berührt von meinem Unwissen.

»Aber in Syrien gibt es doch nicht nur Moslems, sondern auch Christen, Jesiden, Drusen ...«, antwortete Arwa.

Mir schwirrte der Kopf. Ich wusste ja noch nicht mal sonderlich viel über meinen eigenen katholischen Glauben, dem ich zumindest noch auf dem Papier angehörte. Woher sollte ich dann wissen, was der Unterschied zwischen diesen ganzen anderen Glaubensrichtungen ist? Klar, der Islam sagte mir etwas ...

»Wobei auch der Islam in verschiedene Glaubensgemeinschaften gespalten ist ...«

Okay, ich hatte auch vom Islam keine Ahnung.

»... in Sunniten, Schiiten und Alawiten, wobei die Sunniten die größte Glaubensgemeinschaft ausmachen«, erklärte Arwa.

Ich nickte.

»Bis zu Beginn des Krieges haben wir alle friedlich nebeneinander in einem Land gelebt. Religion war kein Thema. Syrien war ein säkularer Staat. Doch dann ...«, Arwa seufzte, »... dann hat sich alles geändert.«

Ich schluckte. Unwissend wie ich war, hatte ich gedacht, dass die Sitten und Gebräuche in Syrien ähnlich streng wären wie in vielen anderen Ländern des Nahen Ostens.

Aber wo wir schon einmal dabei waren, welcher Glaubensrichtung gehörte eigentlich Arwa an?

»Ich bin Sunnitin«, antwortete sie.

»Und ich Schiitin«, sagte Mona.

»Und ich ebenfalls Sunnitin«, fügte Rasha hinzu.

Und was war nun, bitte schön, schon wieder der genaue Unterschied zwischen diesen beiden Glaubensgemeinschaften?

Arwa zuckte mit den Schultern.

»Nichts«, antwortete sie, »außer, dass die einen Ali, den Schwiegersohn des Propheten Mohammed, als seinen rechtmäßigen Nachfolger ansehen und die anderen seinen Schwiegervater Abu Bakr.«

Hm. Also war der Unterschied eigentlich nicht viel größer als zwischen den Protestanten und Katholiken?

Arwa lachte und nickte.

»Aber auch für die war der Unterschied im Mittelalter groß genug, um sich gegenseitig umzubringen.«

Sofort schossen mir Bilder von den Kreuzzügen in den Kopf.

Da fragte Samira: »Sollen wir anfangen?«

Wie in der Woche zuvor begann ich mit einigen leichten Yoga- und Atemübungen. Doch als ich gerade dabei war, ihnen die Bedeutung des Atems im Yoga zu erklären, erklang aus einer der Taschen ein Handy. Ein absolutes No-Go in einer Yogastunde.

Samira sprang auf und ging an ihr Telefon. Ziemlich unhöflich, wie ich fand, aber ich wollte nicht gleich in der ersten Stunde streng erscheinen. Also atmete ich, professionelle Yogalehrerin, die ich bin, einmal tief ein und aus und fuhr fort.

Da piepste es wenig später aus einer anderen Ecke. Diesmal war es Arwas Smartphone. Auch sie eilte sofort zu ihrer Tasche.

Ich spürte, wie sich ein neuerlicher Anflug von Ärger in mir breitmachte. Immerhin war es ein Teil meiner Freizeit, den ich ihnen schenkte. Konnten sie da nicht zumindest eine Stunde lang ihr Telefon abstellen?

Aber da war Arwa auch schon wieder auf ihrer Matte zurück. Okay, sagte ich mir, übe dich in Nachsicht, schließlich geht es nicht um dein, sondern um ihr Wohlergehen.

Doch als nur fünf Minuten später schon wieder ein Telefon klingelte, konnte ich mich nicht länger zurückhalten.

»Könnt ihr nicht wenigstens für eine Stunde eure Handys ausmachen?«, fragte ich ungehalten. »Sonst bringt das hier nichts.«

Arwa schaute erschrocken und wechselte mit Samira einen vielsagenden Blick. Ich war wohl doch ein wenig zu harsch gewesen.

Die beiden Frauen flüsterten sich etwas auf Arabisch zu und schauten mich dabei an. Wahrscheinlich überlegten sie gerade, unter welchem Vorwand sie die Yogastunde abbrechen könnten. Warum hatte ich auch meinen Mund nicht halten können?

»Es wäre wirklich toll, wenn ihr beim nächsten Mal daran denken würdet«, versuchte ich einzulenken.

Arwa schaute mich traurig an.

Dann sagte sie: »Die Handys sind die einzige Verbindung zu unserer Familie …«

Die Erkenntnis traf mich wie ein Schlag. Diese Frauen gingen nicht an ihr Telefon, um mit ihrer Freundin ein Treffen auszumachen oder sich über den neusten Klatsch auszutauschen, sondern weil sie hofften, eine Nachricht von ihrer Familie zu erhalten, die teilweise noch in Syrien lebte.

Ich war so gedankenlos. Oder nein. Ich war so an den Frieden in meinem Land gewöhnt, dass ich mir nicht vorstellen konnte, wie es war, wenn man in der ständigen Angst lebte, dass einem Familienmitglied etwas Schreckliches zustieß.

»Sorry«, gab ich zerknirscht zurück. »Daran habe ich überhaupt nicht gedacht.«

Samira nickte. Die anderen Frauen schauten betrübt.

»Sind denn noch viele aus eurer Familie in Syrien?«, erkundigte ich mich vorsichtig.

»Mein ältester Sohn ist eingezogen worden«, sprudelte es aus Samira hervor. »Wir haben versucht, ihn freizukaufen. Aber sein General lässt ihn nicht gehen.«

»Meine Mutter ist noch in Aleppo«, erzählte Rasha, »sie ist herzkrank und würde die Fahrt über das Meer nicht überstehen.«

Mir schossen Tränen in die Augen, und ich schämte mich. Für meine Gedankenlosigkeit und dafür, dass ich mir Sorgen um das Gelingen meiner Yogastunde machte, während diese Menschen um das Leben von Familienmitgliedern bangten.

»Wollen wir weitermachen?«, fragte Samira freundlich und lächelte mich an.

Ich schluckte und nickte. So klein und jämmerlich kam ich mir vor angesichts dieser starken Frauen.

Wir machten weiter mit einer Yogaübung, die gut für die Schultern war, und als ich herumging, um den Frauen bei der richtigen Stellung zu helfen, spürte ich, dass bei allen der Nacken und die Schultern verspannt waren. Rasha schloss die Augen und stöhnte leise, als ich ihr die Schultern etwas stärker zusammendrückte.

»Soll ich aufhören?«, fragte ich ängstlich.

»Nein, nein«, antwortete sie und schloss die Augen. »Bitte nicht.«

Auch dieses Mal beendete ich die Praxis mit der Schlussentspannung, Savasana. Arwa schien den anderen bereits davon erzählt zu haben, denn als ich andeutete, dass sie sich jetzt hinlegen könnten, fragte Samira freudig und erwartungsvoll: »Massage?«

Ich nickte. Und schon lagen alle auf ihren Matten. Die Massage am Ende der Stunde war auch für viele meiner regulären Schüler das Beste am Yoga. Warum sollte das bei den Geflüchteten anders sein?

Als Yogalehrer kann man durch die Massage, die man den Schülern am Ende der Stunde gibt, sehr viel über sein Gegenüber erfahren. Nicht nur, weil man durch die Berührungen spürt, wie stark und wo jemand verspannt ist, sondern auch, weil man merkt, wie sehr der andere dazu bereit ist, äußerlich und innerlich loszulassen. Vielen Yogaschülern, die wie ich gewohnt sind, den ganzen Tag über streng getaktet ihren Verpflichtungen nachzugehen, fällt die Schlussentspannung anfangs deshalb auch besonders schwer. Denn angesichts dessen, dass heutzutage Nichtstun mit Faulheit und nicht mit Kontemplation gleichgesetzt wird, haben wir es häufig verlernt, uns auf uns selbst zu besinnen und »bei uns zu bleiben«. Häufig verspürt man in den ersten Yogastunden den Drang, aus dieser inneren und äußeren Starre auszubrechen, weil man das Gefühl hat, diese Regungslosigkeit – im Grunde aber sich selbst – nicht aushalten zu können. Weshalb es auch immer wieder vorkam, dass Schüler während des Savasana, übermannt von ihren Gefühlen, die sie in dieser absoluten Ruhe überkamen, zu weinen anfingen.

Daher war ich mir von Anfang an bewusst, dass gerade bei diesen Frauen, die Unvorstellbares erlebt haben mussten, im Savasana etwas hochkommen könnte. Weshalb ich mir, wohl wissend, dass ich als Yogalehrerin, die keine psychotherapeutische Ausbildung besitzt und die Traumata der Teilnehmerinnen nicht sachgerecht auffangen könnte, auch vorgenommen hatte, die Schlussentspannung entsprechend kurz zu halten. Denn ich wollte keinen Gefühlsausbruch provozieren.

Nachdem ich zwei Frauen massiert hatte, stellte ich jedoch positiv überrascht fest, dass die neuen Schülerinnen die Berührungen sehr genossen.

Zufrieden ging ich zu meiner Matte zurück. Die Musik klang langsam aus. Entspannte Gesichter schauten mich an. Konnte es eine schönere Belohnung geben?

4

Arwa: Der Beginn einer Freundschaft

Eine Woche später stand ich wieder vor der Tür des Aufenthaltsraums und wartete auf meine neuen syrischen Schülerinnen. Wie in der Woche zuvor trudelten sie alle erst nach und nach ein. Doch dieses Mal ließ ich mich davon nicht beirren. Denn wenn diese Frauen, die täglich um das Leben ihrer Familie bangten, etwas nicht gebrauchen konnten, dann war es eine übermotivierte Ehrenamtliche, die ihnen beibringen wollte, wie wichtig es uns Deutschen ist, pünktlich zu sein. Nein, diese Menschen hatten wahrlich andere Probleme.

Abgesehen davon wollte ich ihnen mit Yoga dabei helfen, ein wenig zur Ruhe zu kommen und Kraft zu schöpfen, und sie nicht durch falsch angebrachte Erziehungsmaßnahmen noch weiter unter Druck setzen.

Ich lehnte mich gegen die Tür, begrüßte Samira, die noch mit dem Handy am Ohr den Raum betrat, und beobachtete dabei, wie der Heimleiter ganz in der Nähe mit einem älteren Herrn diskutierte. Ebenfalls ein Ehrenamtlicher, so wie ich.

Die Freiwilligen leisteten wirklich viel. Es war Wahnsinn. In manchen Fällen jedoch stellten sie ihre Vorstellungen über die Bedürfnisse der Geflüchteten – so wie in diesem Fall, in dem sich der ehrenamtliche Sprachlehrer darüber erregte, dass seine Schüler nicht regelmäßig zum Unterricht erschienen.

»Wenn sie nicht jede Woche zum Unterricht kommen, machen sie auch keine Fortschritte«, erklärte er dem Heimleiter.

»Natürlich«, erwiderte der ruhig und besonnen. »Ich kann Ihre Verärgerung sehr gut verstehen. Aber ...«, ergänzte er dann, »... Sie dürfen nicht vergessen, dass diese Menschen auch jede Menge Termine haben.«

»Termine?«, fragte der Mann. »Was denn für Termine?«

»Na, glauben Sie denn, die bekommen ganz einfach so Geld von unserem Staat? Natürlich nicht«, antwortete Herr Kaldeira und bekam dabei einen leicht verbitterten Zug um den Mund. »Das muss natürlich alles, vom BVG-Ticket über das Taschengeld nach der Erstregistrierung bis hin zum schnöden Arztbesuch beantragt und genehmigt werden. Und wie viel Zeit das in Anspruch nimmt, dürften Sie ja von Ihren eigenen Amtsgängen wissen.«

Der Mann schien baff. Und ich war es ebenfalls. Darüber hatten wir uns wohl beide noch keine Gedanken gemacht.

»Das heißt ja aber«, fragte der ältere Herr sichtlich irritiert, »das heißt ja, ich verschwende meine Zeit hier?«

»Nein«, sagte der Heimleiter und schaute ihn dabei freundlich an, »aber Sie sollten von Ihren Schülern nicht erwarten, dass sie regelmäßig und pünktlich erscheinen. Zum einen, weil sie eben häufig terminlich anderweitig verpflichtet sind, und zum anderen, weil sie an manchen Tagen schlicht und ergreifend psychisch dazu nicht in der Lage sind.«

Der ältere Herr schluckte ärgerlich. »Aber wie wollen sie sich ohne Sprachkenntnisse denn jemals integrieren?«, blaffte er zurück.

Herr Kaldeira atmete tief ein und meinte ruhig: »Natürlich ist es wichtig, dass die Menschen, die hier Asyl suchen, unsere Sprache lernen. Aber es gibt natürlich auch zahlreiche andere wichtige Dinge, die sie in Angriff nehmen müssen.«

Er machte eine Pause.

»Abgesehen davon«, fuhr er dann höflich, aber sichtlich erregt fort, »handelt es sich bei Ihrem Kurs um ein freiwilliges Angebot, an dem die Geflüchteten natürlich gern teilnehmen können, wozu sie aber nicht verpflichtet sind.«

»Was jedoch keinen Sinn macht, wenn sie nicht regelmäßig teilnehmen. Dann kann ich es ja, wie gesagt, gleich bleiben lassen.«

»Dann lassen Sie es!«, erwiderte Herr Kaldeira kühl. »Wir sind ein Flüchtlingsheim und kein Ort für Selbstverwirklichung.«

Das war deutlich. Und auch wenn er Recht hatte, konnte ich den älteren Herren doch verstehen. Denn hatte ich mich die Woche zuvor nicht selbst darüber geärgert, dass meine Schülerinnen zu spät kamen?

Wahrscheinlich war das Problem, dass sich viele Menschen, die sich ehrenamtlich engagierten, diese Zeit aus den Rippen schnitten und dann wiederum enttäuscht waren, wenn ihr Angebot nicht richtig gewürdigt wurde.

Dabei wäre es wahrscheinlich das Beste, man würde die Zeit, die man als Ehrenamtlicher investieren will, als eine Art unverbindliches Angebot ansehen, das man regelmäßig macht, ganz gleich, ob es auf große Resonanz stößt oder nicht. Doch stattdessen hatten die meisten von uns – und da erging es mir nicht anders als dem älteren Herrn – immer unglaublich hohe Erwartungen. An uns, an das, womit und wie wir halfen, an die Geflüchteten.

Dieser Gedanke begleitete mich die ganze Stunde über, und auch meine Schüler, insbesondere Arwa, schienen zu bemerken, dass ich diesmal mit meinen Gedanken nicht hundertprozentig bei der Sache war.

»Alles okay?«, fragte mich Arwa nach der Stunde, und ich fühlte mich ganz komisch dabei. Weil ich meine westeuropäischen Luxusprobleme mit zu den Menschen brachte, denen ich doch helfen wollte.

»Ja klar«, antwortete ich schnell. »Ich bin mit den Gedanken nur woanders.«

»Das kenne ich«, erwiderte Arwa und schaute mich aus ihren großen braunen Augen traurig an.

Da schämte ich mich noch mehr.

»Alles gut. Kann ich euch irgendwie helfen?«, erkundigte ich mich dann und wusste zugleich, wie albern das klang. Aber was hätte ich anderes sagen sollen? Ich konnte emotional überhaupt nicht nachvollziehen, was sie und ihre Familien gerade durchmachten. Allerdings konnte ich ihnen zumindest meine Hilfe anbieten.

»Mein Mann«, erzählte Arwa, während wir aus dem Gebäude auf den Hof gingen, »ist noch immer in Italien und muss dort auf der Straße leben, weil die Flüchtlingsunterkünfte überfüllt sind.«

Ich schwieg, weil ich nicht wusste, was ich antworten sollte. Alle tröstenden Worte kamen mir fehl am Platz und gleichzeitig lächerlich vor.

»Weißt du, früher waren wir mehr als Refugees. Wir hatten ein Leben, so wie du«, sagte sie und zündete sich eine Zigarette an. »Ich habe als Lehrerin, mein Mann in der Verwaltung gearbeitet, und meine Kinder sind in die Schule gegangen. Doch dann ...«, sie verstummte, »... dann begannen immer mehr Syrier auf die Straße zu gehen und gegen das Einparteiensystem unter der Führung von Baschar al-Assad zu protestieren. Worauf dieser seine Armee gegen die protestierenden Menschen einsetzte, um sie einzuschüchtern.«

Arwa stiegen Tränen in die Augen und ich begann, ihr sanft über die Schulter zu streichen. Mehr traute ich mich nicht, weil ich nicht einschätzen konnte, was sie wollte und was ihr zu vertraulich war. Arwa schien jedoch das Bedürfnis zu haben zu reden. Also schwieg ich und hörte einfach nur zu.

»Am Anfang konnte ich gar nicht glauben, dass Baschar al-Assad gegen sein eigenes Volk vorgeht. Doch als immer mehr Soldaten desertierten und begannen, sich mit den Oppositionellen in der Freien Syrischen Armee zusammenzuschließen, weiteten sich die Massaker an der Bevölkerung so sehr aus, dass man sie nicht mehr ignorieren konnte. Und eines Tages musste ich nur wenige Meter von unserem Zuhause in Damaskus entfernt miterleben, wie brutal Assad gegen seine eigenen Landsleute vorging.«

Schweigend schaute Arwa ins Leere, warf ihre Zigarette zu Boden und steckte sich sofort eine neue an.

Derweilen ich mir unglaublich ignorant vorkam. Sicher, ich hatte gewusst, dass in Syrien Bürgerkrieg herrschte und Baschar al-Assad brutal agierte. Aber wie genau das alles zustande gekommen war, das war mir bisher eigentlich immer genauso ein Rätsel gewesen wie der Wirtschaftsteil der FAZ.

Ich hatte diesen Konflikt und meine Verantwortung den geflüchteten Menschen gegenüber vor allem immer von der menschlichen Seite aus gesehen: dass ich den Menschen, die vor dem Krieg hierher zu uns fliehen, soweit es geht, helfen möchte. Dabei hatte ich jedoch völlig vergessen, dass es für die Geflüchteten aber ebenso wichtig ist, dass wir sehen, dass in ihrem Land seit Jahren genau gegen jene Werte tagtäglich verstoßen wird, für die Europa steht – Meinungsfreiheit, Schutz vor Folter und Gewalt, Rechtssicherheit, kurz: die Menschenrechte.

Arwa zog hastig an ihrer Zigarette und fuhr fort zu erzählen: »Wir wohnten damals, 2012, ganz in der Nähe von Darya, einem Vorort von Damaskus, der von der Freien Syrischen Armee kontrolliert wurde. Im August 2012 stürmten die Regierungstruppen die Stadt und richteten ein unglaubliches Massaker an, um die Opposition zurückzudrängen. Frauen, Kinder, alte Menschen, sie alle wurden von der Armee umgebracht. Später versuchte man, es der Opposition in die Schuhe zu schieben.«

Arwa schüttelte angewidert den Kopf.

»Ich habe mit eigenen Augen gesehen, wie Frauen blutüberströmt in unserem Viertel Schutz suchten und kleine Kinder, ohne ihre Mütter, orientierungslos umherliefen ... Wie kann Europa das nur zulassen?«, fragte sie mich.

Was sollte ich ihr daraufhin schon antworten? Ich blickte betreten zu Boden.

»Mein Mann, der in der Verwaltung angestellt war, begann, Menschen, die fliehen wollten, entsprechende Dokumente auszustellen.«

Sie lächelte zaghaft bei dem Gedanken an ihren Mann.

»Samer, er hat einfach ein zu gutes Herz. Nur leider hat die Regierung Wind davon bekommen.«

Sie zog erneut an ihrer Zigarette und blickte mich durchdringend an.

»Als sein Chef ihm sagte, dass die Armee sich immer wieder nach ihm erkundige, wussten wir, dass es Zeit ist zu gehen. So floh ich zunächst mit den Kindern nach Ägypten und Samer, um uns zu schützen, allein in den Libanon.«

Es entstand eine längere Pause, die mich nur noch verlegener machte, und um die Stille zu unterbrechen, sagte ich: »Und jetzt seid ihr hier!«

Arwa lächelte.

»Ja«, antwortete sie nachdenklich. »Doch für wie lange? Und wird mein Mann jemals nach Deutschland nachkommen können?«

Wie sehr ich es für die beiden hoffte.

Das Gespräch hing mir lange nach. Denn auch wenn ich im Fernsehen immer wieder Bilder aus dem Syrienkrieg gesehen hatte, war es doch etwas anderes, wenn man jemanden persönlich traf, der direkt davon betroffen ist. Tausend Fragen schwirrten mir durch den Kopf. Doch sobald ich versuchte, im Internet eine Antwort zu finden, wurde ich von der Flut an Informationen erschlagen. Abgesehen davon, dass ich nicht wusste, welche Informationen der Wahrheit entsprachen und welche Propaganda waren.

Und was hatte mit diesem ganzen Konflikt zwischen Assad und der Freien Syrischen Armee eigentlich der IS zu tun?

»Sehr viel«, erklärte mir Arwa nur eine Woche später, als ich sie nach der Yogastunde auf einen Kaffee in ihrem Zimmer besuchte. »Denn Assad hat zugelassen, dass der IS stark wird.«

»Aber ist Assad nicht gegen den IS und bekämpft ihn? Oder habe ich da schon wieder einen Zusammenhang nicht gesehen?«

»Jetzt ja«, sagte Arwa und lehnte sich traurig lächelnd auf ihrem Stuhl zurück. »Doch zu Beginn des Arabischen Frühlings kam es ihm ganz gelegen, dass der IS gegen die Freie Syrische Armee vorgegangen ist. Wenn auch aus anderen Motiven als er und seine Armee ...«

»Ja, aber warum?«, fragte ich Arwa ungläubig.

»Weil Assad, wenn der IS gegen die Rebellen vorgeht, es nicht selbst tun muss.«

Ich verstand immer weniger.

»Aber er spricht sich doch immer wieder gegen den IS aus«, warf ich ein.

»Na klar, jetzt wo die Freie Syrische Armee niedergeschlagen ist und er den IS nicht mehr braucht.«

Entgeistert schaute ich Arwa an. Bedeutete das etwa, Assad hatte den IS benutzt, um sich der Rebellen zu entledigen?

»Sagen wir so: Er kam ihm nicht ungelegen. Denn er war sich darüber im Klaren, dass der Westen die Rebellen und ihre Demokratisierungsbestrebungen auf Dauer unterstützen wird. Was wiederum das Ende seiner Regierung bedeutet hätte. Weshalb sein vorrangiges Ziel die Niederschlagung der Freien Syrischen Armee war. Und dabei hat ihm der IS indirekt geholfen. Manche sagen, er habe darauf spekuliert, dass Europa ihm dabei helfen werde, den IS niederzuschlagen, wenn die Freie Syrische Armee erst einmal besiegt sei ...«

»... weil Assad für den Westen weniger gefährlich ist als der IS, der ja selbst in Europa Anschläge durchführt«, ergänzte ich.

Arwa nickte.

»So ist es.«

Sie griff nach einer weiteren Zigarette und zündete sie sich schweigend an.

»Alles dreht sich nur um Macht. Menschen spielen dabei keine Rolle für ihn«, flüsterte Arwa verbittert.

Nur wenige Tage später bekam ich eine SMS von Arwa. Wir hatten unsere Handynummern ausgetauscht, damit ich der Gruppe Bescheid geben konnte, falls irgendetwas mich daran hindern sollte, die Yogastunde abzuhalten.

Die Nachricht, die sie mir schickte, war recht knapp: »I can't come to the next yoga class. I am ill.«

Ich schrieb ihr zurück, dass ich hoffe, es sei nichts Ernstes.

Doch leider war es das, denn wie ich erfuhr, hatte Arwa massive Herzprobleme.

Ich riet ihr, zum Arzt zu gehen.

Sie schrieb: »Das würde ich ja gern.«

Ich wusste nicht, wie ich diese Nachricht deuten sollte, und rief sie deshalb kurzentschlossen an.

Wie ich dann erfuhr, konnte man als Asylsuchender in Deutschland aber nicht so mir nichts, dir nichts zum Arzt gehen. Nein, man musste sich vorher beim Landesamt für Gesundheit und Soziales erst einen »Schein« abholen, den man allerdings nur bekam, wenn man akut erkrankt war. Mit diesem musste man dann zu einem Arzt, der dem Sozialamt eine Rechnung schickte, welche das Amt wiederum übernahm.

Doch da dieser »grüne Schein« immer nur für ein Quartal gültig ist, muss man sich von dem Arzt, zu dem man als Allererstes gegangen ist, eine Überweisung holen, falls man anschließend zum Frauenarzt, Hautarzt oder was auch immer will.

»Und wenn du so wie ich deinen grünen Schein in einem Krankenhaus abgegeben hast«, erklärte mir Arwa weiter, »das generell keine Patienten überweist, dann hast du für das betreffende Quartal keine Möglichkeit, zu einem anderen Arzt zu gehen. Denn das Krankenhaus behält den grünen Schein und gibt dir im besten Fall nur eine Kopie, welche die anderen Ärzte wiederum nicht akzeptieren.«

Was im Umkehrschluss also hieß, dass Arwa nur dann zum Arzt gehen konnte, wenn wir einen Arzt finden würden, der bereit war, sie ohne Krankenschein zu behandeln. Man kann sich vorstellen, wie schwer es für einen Geflüchteten ist, der vielleicht nur gebrochen Englisch spricht, einen solchen Arzt zu finden.

Ein Unding, wie ich fand, weshalb ich mich entschloss, mit ihr erneut ins Krankenhaus zu gehen. Denn am Telefon hörte es sich so an, als könnte sie kaum noch atmen.

Nur einen Tag später saßen wir in der Notaufnahme eines Berliner Krankenhauses.

Arwa keuchte und atmete schwer. Wie sie mir erzählte, hatte sie nicht nur Herzprobleme, sondern auch schon mehrere Operationen an der Schilddrüse hinter sich. Weshalb sie auch diverse Medikamente nehmen musste. Die waren ihr, seitdem sie auf der Flucht war, zwar immer wieder verschrieben worden, jedoch hatte sich bisher kein Arzt die Mühe gemacht zu checken, ob die Dosierung für ihren momentanen gesundheitlichen Zustand überhaupt noch passend war. Was mir, wenn ich Arwas schweren Atem hörte, höchst fraglich erschien.

Als wir endlich an der Reihe waren, begrüßte uns eine junge Ärztin, die Arwa schon von ihrem letzten Besuch kannte. Doch auch die konnte ihr nicht weiterhelfen. Denn für die notwendigen Untersuchungen fehlten dem Krankenhaus die passenden Geräte.

»Dafür müssten Sie in ein anderes Krankenhaus gehen«, fasste sie zusammen.

»Würden wir ja gern, wenn wir den grünen Schein nicht schon hier abgegeben hätten und deshalb verpflichtet wären, hierherzukommen«, entgegnete ich spitz.

Sie seufzte.

»Ich weiß, wie schwierig das alles ist.«

Auch die Ärztin war mit der Situation mehr als unglücklich, konnte uns aber nur anbieten, den grünen Schein zu kopieren, damit wir damit in eine andere Arztpraxis gehen könnten, die uns wiederum – vielleicht, wenn sie uns denn mit der Kopie annehmen würde – zu einem Spezialisten überweisen könnte.

»Oder«, sagte sie und zuckte die Schultern, »Sie melden sich als Notfall in einem Krankenhaus an, das entsprechend ausgerüstet ist. Dann dürfen Sie nicht abgewiesen werden.«

Also wieder warten und hoffen, dass dieses Mal etwas passierte.

Die Ärztin fühlte sich sichtlich unwohl in ihrer Haut. Man sah ihr an, dass auch sie froh gewesen wäre, wenn sie uns eine bessere Lösung hätte präsentieren können.

Arwa röchelte noch immer, und mir ging es gegen den Strich, mit ihr auf gut Glück ans andere Ende der Stadt zu einem anderen Krankenhaus zu reisen, ohne zu wissen, ob es etwas bringen würde. Deshalb wählte ich den kurzen Weg der Beziehungen und ging schnurstracks mit ihr zu meiner anthroposophischen Hausärztin, die sie dann zum Glück auch ohne Krankenschein behandelte.

Was aber wäre gewesen, wenn Arwa mich nicht gekannt hätte? Wenn meine Hausärztin sie nicht auch ohne Krankenschein behandelt hätte, sie im Urlaub oder komplett überlaufen gewesen wäre? Denn natürlich konnte auch sie nicht alle Asylsuchenden unentgeltlich behandeln. Und ja, selbstverständlich gab es entsprechende medizinische Anlaufstellen für Geflüchtete, aber wie sollten die davon erfahren, wenn sie der Sprache nicht mächtig waren? Abgesehen davon, dass diese angesichts der Fluchtwelle den Ansturm kaum bewältigen konnten. Fragen über Fragen. Und ich wusste keine Antwort.

Ich stellte mir in diesen Tagen immer wieder vor, wie es wäre, wenn ich von einem Tag auf den anderen in Syrien leben müsste. Weder der Sprache, geschweige denn der Schrift mächtig wäre und mich im allerschlimmsten Fall, so wie es bei vielen Geflüchteten, die aus dem Nahen Osten zu uns kommen, der Fall ist, noch nicht einmal auf Englisch verständigen könnte. Ich würde mich komplett verloren fühlen und wäre von einem Tag auf den anderen auf Gedeih und Verderb auf den guten Willen und die Hilfsbereitschaft der dortigen Menschen angewiesen. Und was wäre das für mich, die bisher zur Mittelschicht gehört hatte, für ein Gefühl? Ein schlechtes und erniedrigendes ...

Als ich in der nächsten Woche zu meiner Yogastunde ins Heim kam, war Arwa sehr still. Ich begann, mir Sorgen zu machen. Nicht um ihre Gesundheit, denn diesbezüglich war sie dank meiner Hausärztin in guten Händen. Nein, was mir Sorgen bereitete, war ihre psychische Verfassung, die nach der langen Reise und dem, was sie in Syrien erlebt hatte, sichtlich angeschlagen war.

Ich gab ihr im Savasana eine besonders lange Massage, in der Hoffnung, dass sie sich dadurch etwas entspannen könnte. Aber natürlich war auch das nur ein Tropfen auf den heißen Stein. Als sie mich nach der Stunde fragte, ob ich eine Übung wisse, die ihr helfen könne, besser einzuschlafen, war mir klar: Mit Yoga stoße ich hier an meine Grenzen.

Also lud ich sie und ihre Kinder am Wochenende spontan zum Essen ein. Arwa druckste herum. Sie sagte, sie hätten am Wochenende so viel zu erledigen, sie wolle uns keine Umstände machen und überhaupt hätte ich schon viel zu viel für sie getan.

In diesem Moment spürte ich noch deutlicher als sonst, wie schwer es Arwa fiel, sich mit ihrer Rolle als Flüchtling, der sowohl auf finanzielle als auch auf zwischenmenschliche Hilfe angewiesen ist, zu arrangieren. Was völlig verständlich war. Denn in Syrien hatte sie ein ähnliches Leben geführt wie meine Freunde und ich. Nun war sie ein Niemand. Zumindest kam es ihr so vor. Eine Frau aus einem fremden Land, die fernab ihrer Kultur und restlichen Familie mit ihren beiden Kindern auf weniger als 25 Quadratmetern lebte und sich eine Küche und ein Bad mit zig anderen Familien teilen musste.

Als ich nach der Stunde bei ihr auf dem Zimmer zum Kaffeetrinken gewesen war, hatte ich gesehen, wie eng es dort war. Und wie laut. Man hörte jedes Geräusch vom Flur und aus den angrenzenden Zimmern. Insbesondere nachts.

»Wenn es dunkel ist«, erzählte mir Arwa, »werden bei vielen die Erinnerungen an den Krieg und die Flucht wach und sie fangen an zu weinen oder zu schreien.«

Wie sollte man in einer solchen Umgebung selbst zur Ruhe kommen?

Zudem, so erzählte sie weiter, erschwere die Tatsache, dass die Bewohner nicht nur aus den unterschiedlichsten Ländern kamen, sondern auch unterschiedliche soziale Hintergründe hatten, das Zusammenleben im Heim. Es ging also alles andere als friedlich zu.

»Selbst Menschen, die wie wir aus Syrien kommen«, berichtete Arwa weiter, »können wir nicht vertrauen, weil wir nie sicher sind, ob sie nicht zur Regierung gehören und nach Hause Meldung machen. Was wiederum, wenn wir uns kritisch gegenüber Baschar al-Assad und seinem Regime äußern, unsere Familie in Gefahr bringen könnte.«

Es war also nicht verwunderlich, dass Arwas Augenränder immer dunkler wurden. Doch vielleicht würde ein

Abend fernab des Heims und in einer neuen Umgebung ja zumindest ein bisschen dabei helfen, sie und ihre Kinder von ihren Sorgen abzulenken.

Ich hatte Arwas Kinder, die 16-jährige Arees und den 18-jährigen Hani, schon häufiger gesehen, doch noch nie länger mit ihnen gesprochen und war daher ein wenig aufgeregt, ob die beiden Teenager sich bei uns nicht zu Tode langweilen würden.

»Wir haben ja WLAN«, sagte mein Mann, als ich ihm meine Bedenken beim Vorbereiten des Essens mitteilte.

»Aber vielleicht interessieren sie sich ja gar nicht für solchen Kram?«, äußerte ich besorgt.

Mein Mann verdrehte die Augen.

»Bettina, ich bitte dich. Meinst du die Kids in Syrien sind anders als hier?«

Natürlich nicht – wie sich nur wenige Minuten später herausstellte.

Denn kaum hatten Arwa und ihre Kinder all ihre Mitbringsel – Blumen, einen syrischen Nachtisch und eine Flasche Wein für Karl – bei uns abgelegt, fragte mich Arees: »Kann ich euer WLAN-Passwort haben?«

Mein Mann schmunzelte und meinte nur: »Na klar!« Und konnte es sich im Vorbeigehen natürlich nicht verkneifen, mir ins Ohr zu flüstern: »Da habe ich wohl recht behalten.«

Hani indes stürzte sich sofort auf die Platten- und CD-Sammlung meines Mannes, während ich Arwa und Arees die Wohnung zeigte. Wobei sich Arees vornehmlich für meine DVD-Sammlung interessierte. Vor allem für die Serien.

»Wie cool«, freute sie sich, »ihr habt ja *Heroes*. Kann ich mir die ausleihen?«, fragte sie mich und sah mich mit ihren großen Teenageraugen an. So stellte sie es sicher auch bei ihrem Vater an.

»Na klar!«, antwortete ich.

Vor Freude schloss sie mich gleich in die Arme.

»Aber schön auf Deutsch mit Untertiteln schauen«, ärgerte ich sie.

Arees blickte genervt gen Himmel.

»Deutsch ist so schwierig«, stöhnte sie. »Und Englisch so leicht. Außerdem«, warf sie ein, »will ich später zum Studieren sowieso nach London gehen!«

Arwa verdrehte die Augen.

»Parapsychologie. Was kann man damit denn machen ...«, fügte sie hinzu.

Jetzt war es Arees, die die Augen verdrehte.

»Hallo? Habt ihr mal *Supernatural* gesehen?«

»Arees!«, ermahnte sie ihre Mutter streng. »Das ist eine Fernsehserie!«

»Ja und?«, erwiderte sie so trotzig, wie es nur Teenager können.

»Den ganzen Tag hängen die beiden nur an ihren Handys«, stöhnte Arwa, zu mir gewandt, »und schauen sich diesen Quatsch an.«

»Das ist kein Quatsch! Du hast echt keine Ahnung«, protestierte Arees und stolzierte mit der DVD unterm Arm zurück ins Wohnzimmer.

Teenager. Sie waren in Syrien eben auch nicht anders als bei uns. Und auch die Probleme der Eltern schienen die gleichen zu sein. Global-Teenage-Terror eben.

Es wurde ein richtig lustiger Abend. Hani unterhielt sich die ganze Zeit mit meinem Mann über Musik – wobei man sagen muss, dass ihre Geschmäcker nicht unterschiedlicher hätten sein können. Denn Hani war, wie wohl so viele Teenager in seinem Alter, mehr an englischsprachiger Discomusik wie *Owl City* denn an Singer-Songwriter-Platten interessiert. Wohingegen Arees ein eindeutiger Emo (Emotional Hardcore) war und sich dementsprechend vorwiegend schwarz kleidete, mit schwarzem Kajal die Augen umrandete und Bands wie *Asking Alexandria* hörte. Also lautes Geschrei mit kurzen wehklagenden Balladen. Überhaupt nicht mein Ding. Aber eben das, was ganz normale Teenager so hörten. Aus Deutschland oder Syrien.

5

Auf der Suche nach »Mister Right«

Nach und nach wurden meine wöchentlichen Besuche im Heim zu einem lieb gewonnenen Termin, auch weil die Frauen begannen, sich mir immer mehr zu öffnen. So erfuhr ich nicht nur, wie man am schnellsten abnimmt oder sich perfekt die Augen schminkt, sondern auch, welche Schicksale diese starken Frauen mit sich herumtrugen.

Insbesondere Arwa schien unter der Trennung von ihrem Mann und der Ungewissheit über ihre Zukunft extrem zu leiden. Von Mal zu Mal wurde sie schwächer und bleicher, und auch wenn es ihr dank der medikamentösen Umstellung durch meine Ärztin besser ging, so konnten die Medikamente doch nicht gegen ihre Sorgen um ihren Mann und dem in Syrien verbliebenen Teil ihrer Familie helfen.

Ihre Kinder indes, insbesondere ihre Tochter Arees, gewöhnten sich sehr schnell an den europäischen Lebensstil. Vor allem an die Freiheit, die damit einherging. Und auch wenn Arwa sich weder über das Augenbrauen-Piercing noch über ihre kurzen Röcke aufregte, so gab es dennoch ein Thema, bei dem sie, moderne Syrerin hin oder her, noch sehr in den Traditionen ihres Landes verhaftet war: die Wahl des richtigen Mannes für ihre Tochter.

Ganz deutlich wurde dies, als ich mich während eines Besuchs bei Arwa mit ihr darüber unterhielt, wie ihre Kinder schneller und besser Deutsch lernen könnten. Insbesondere Arees, die auf eine englische Schule ging, tat sich noch schwer mit unserer Sprache. Und da jeder in Berlin Englisch spricht, gab es auch keine große Not, sich die Sprache selbst anzueignen. Eine Zwickmühle.

»Am besten«, sinnierte ich laut vor mich hin, »wäre es, wenn sie sich in einen deutschen Jungen verliebt.«

Arwa nickte: »Ein deutscher Moslem ... ja, das wäre schön.«

Ein deutscher Moslem ...

»Wo willst du den denn hernehmen?«, fragte ich sie.

»Ich will sowieso keinen Freund«, beschwerte sich Arees, die genau in diesem Moment ins Zimmer gestürmt kam. »Aber wenn, dann ist es mir ganz gleich, ob er Christ oder Moslem ist. Hauptsache, er ist handsome.«

»Ganz genau«, sagte ich.

Arwa kniff verärgert ihre Lippen zusammen.

»Ihr versteht das nicht.«

Nein, das taten wir wirklich nicht.

»Aber wenn Hani eine deutsche Christin kennenlernen würde ...«, hakte ich nach.

»Er ist ein Mann. Das ist okay«, antwortete Arwa.

»War ja klar!«, motzte Arees.

»Und du hättest deinen Mann also nicht geheiratet, wenn er Christ gewesen wäre?«, erkundigte ich mich.

Arwa presste ihre Lippen fest aufeinander. Man sah, wie es in ihr arbeitete.

»Vielleicht sollten wir einfach mal gemeinsam ausgehen und schauen, ob wir einen netten jungen Mann für dich finden«, neckte ich Arees, die sofort zustimmend nickte.

»Auf keinen Fall!«, rief Arwa. »Das ist viel zu gefährlich.«

»Mom, ich bin fast 17«, rief Arees.

Arwa machte mit ihren Händen eine wegwerfende Bewegung. »Das ist mir völlig egal. Du gehst mir abends nicht allein aus dem Haus und damit Schluss.«

»Und wenn ich mitgehe?«, fragte ich.

Arees' Augen flehten ihre Mutter an, doch die schien aus Beton zu sein.

»Mom«, brach es aus Arees heraus, »du lässt mich in einem seeuntüchtigen Boot über das Meer schippern, aber du verbietest mir einen Abend mit Bettina hier in Berlin auszugehen?«

Arwa schaute mich an, ich schaute Arwa an, und dann fingen wir beide schallend an zu lachen.

Dieses Mal ging der Punkt an Arwas Tochter.

Ich gehe wirklich gern aus. Aber mit meinen vierzig Jahren weiß ich natürlich nicht, wohin hippe Teenager hier in Berlin gehen.

»Frag doch unsere Babysitterin«, schlug mein Mann vor, als ich ihm beim Frühstück davon erzählte. »Die wird schon wissen, wo es gut ist.«

Doch da hatte er sich gewaltig getäuscht, denn wie ich nur wenige Minuten später per SMS erfuhr, hatte die ihre wilden Jahre mit 22 schon hinter sich.

Also musste ich mich selbst wohl oder übel auf die Suche nach einer Location machen, in der 16-jährige Teenager sich wohlfühlten. Dabei hatte ich nur eine Sache völlig vergessen: dass Arees noch minderjährig war und sie dementsprechend auch nur bis 24 Uhr ausgehen durfte. Zu meiner Zeit hatte das noch keinen interessiert, aber wie ich bei dem nächsten Treffen mit unserer Babysitterin erfuhr, war das heute alles ganz anders.

»Die sind voll streng geworden«, sagte Lena. »Das kannst du knicken.«

Ja, aber es musste doch auch irgendetwas für Teenager geben, abgesehen von Kino, Schlittschuh laufen und Zoo?

»Teenagerpartys!«, riet mir Lena, während sie meine Tochter durch die Luft wirbelte, wobei ich mich zurückhalten musste, um nicht alle paar Sekunden »Pass doch auf!« zu schreien.

Teenagerpartys. Das hörte sich grauenvoll an. Nach Banane-Kirsch-Saft mit Cocktailkirsche und Partyschirmchen.

Mal sehen, was Arees davon hielt.

Die Reaktion auf meine WhatsApp-Nachricht war eindeutig: »OMG, was soll ich anziehen?«

Ich wusste ja nicht, was sie alles in ihrem Kleiderschrank hatte.

Vor allem kurze Röcke, wie ich am folgenden Wochenende feststellte. Denn der schwarze Rock, den sie trug, bedeckte gerade das Nötigste. Dazu trug sie ein enges schwarzes T-Shirt und eine durchlöcherte schwarze Strumpfhose. Typisch Emo-Girl eben. Irgendwie süß.

Als wir nur kurze Zeit später ankamen, tummelten sich bereits zahlreiche aufgebrezelte Teenager vor dem Eingang des Gebäudes. Arees machte ein Selfie von uns und schickte es per WhatsApp an eine Freundin in Syrien.

»Wenn die sieht, wie ich hier rumlaufe, kippt die aus den Latschen«, sagte sie kichernd auf Englisch.

Der Türsteher am Eingang musterte mich, als wäre ich nicht eine besorgte Ersatzmama, sondern eine verrückte alte Dame, die mit sich selbst spricht.

»'tschuldigung«, fragte ich unsicher, »wir wollten hier zu der Party ...«

Er musterte mich von oben bis unten.

»Wat woll'n Sie denn da?«, blaffte er zurück.

»Also«, antwortete ich und deutete auf Arees, »ich wollte die Tochter meiner Freundin begleiten.«

»Det is aber nur für Teenager!«, erwiderte er barsch.

»Ich gehe auf keinen Fall allein da rein«, rief Arees, die anscheinend doch besser Deutsch verstand, als sie tat.

»Äh, also«, versuchte ich, ihm zu erklären, »es ist jetzt auch nicht so, dass ich besonders wild darauf wäre. Aber die Tochter meiner Freundin«, wieder deutete ich auf Arees, die immer noch an ihrem Handy hing, »kommt aus Syrien und kennt hier keinen, deshalb dachte ...«

»Det is mir völlig schnurz«, unterbrach er mich und drehte mir den Rücken zu.

Gespräch beendet.

»Und jetzt?«, fragte mich Arees erwartungsvoll.

Fieberhaft dachte ich nach.

»Wir ... wir gehen jetzt in eine Bar!«

Etwas Besseres fiel mir nicht ein. Hoffentlich wurden wir zumindest da reingelassen – und wir hatten tatsächlich Glück. Endlich angekommen bestellte ich erst mal ein Bier für mich und ein Radler für Arees.

»Mein Vater würde mich umbringen, wenn er wüsste, dass ich in so einem Laden wäre«, sagte sie, während sie einen Schluck von ihrem Radler nahm und es angewidert schnell wieder zurückstellte.

Mir stockte das Herz.

»... aber dein Vater, er ... er ...«, stotterte ich.

»Entspann dich, Bettina! Das war ein Scherz«, unterbrach mich Arees trocken und nahm noch einen Schluck.

»Ekelhaft, das Zeug! Ich weiß gar nicht, warum alle immer so viel Alkohol trinken.«

Mir stand immer noch der Schweiß auf der Stirn.

»Du hast mir wirklich geglaubt, oder?«, fragte Arees grinsend.

»Ich äh ... natürlich nicht ...«, versuchte ich mich zu verteidigen und nahm schnell einen großen Schluck von meinem Bier.

Arees schien es auf jeden Fall zu gefallen. Das war die Hauptsache. Denn auch wenn es jetzt kein wilder Tanzabend geworden war, so hatte sie doch immerhin einen kleinen Einblick in das Nachtleben Berlins bekommen.

Derweilen ich darüber nachdachte, wohin wir noch gehen könnten, tippte Arees wieder irgendetwas in ihr Handy ein.

»Was machst du da eigentlich die ganze Zeit?«, fragte ich sie.

»Mit meinen Freundinnen chatten!«

»Von hier oder aus Syrien?«, hakte ich nach.

»Syrien«, antwortete sie, ohne von ihrem Smartphone aufzusehen.

»Sind denn noch viele dort?«, fragte ich vorsichtig.

»Klar!«, antwortete Arees trocken, »hat ja nicht jeder das Geld, um zu fliehen.« Und schon schoss sie wieder ein Selfie von sich.

Nur wenige Sekunden später machte es piep.

»Die finden es voll krass, wie ich hier herumlaufe.«

»Wieso?«, fragte ich und kam mir dabei selten dämlich vor.

»Na ja, einige von ihnen wohnen in Stadtteilen, die vom IS besetzt sind«, erklärte mir Arees, »und dort sind die Regeln ziemlich strikt. Deshalb gehen sie eigentlich auch so gut wie gar nicht mehr auf die Straße.«

Bitte was?

»Und wie lange geht das schon so?«, fragte ich vorsichtig.

»Ach«, erwiderte Arees, »so seit zwei Jahren?«

Das war ja fürchterlich.

»Mittlerweile«, fuhr Arees fort, »haben in Syrien viele Menschen Löcher in ihre Häuser gehauen, damit sie nicht mehr auf die Straße gehen müssen, sondern sich von Haus zu Haus durch die Stadt bewegen können.«

Löcher in die Hauswand … da kann ja jeder rein- und rausspazieren.

»Ach«, meinte Arees, »eigentlich ist es ganz praktisch. So können sie schauen, ob in den verlassenen Häusern noch irgendetwas Brauchbares zurückgelassen wurde …«

Und da machte es auch schon wieder piep auf ihrem Handy. Eine neue WhatsApp-Nachricht.

Neugierig beugte ich mich über ihr Handy, um das Profilbild ihrer Freundin zu sehen. Ein junges, gut aussehendes und adrett geschminktes Mädchen lächelte mich an. Sie hätte allein vom Äußeren her auch aus Berlin stammen können.

»Darf deine Freundin denn wenigstens noch zur Schule gehen?«, fragte ich Arees.

Die zuckte mit den Schultern.

»Manche gehen«, antwortete sie, während sie in einer unglaublichen Geschwindigkeit weiter auf ihrem Handy tippte. »Die anderen hängen die ganze Zeit im Netz.«

Das Internet. In diesem Fall ein Segen, ohne den sie vom Rest der Welt abgeschnitten wären.

Zwei Bier und gefühlte tausend WhatsApp-Nachrichten später brachte ich Arees nach Hause. Sie nahm mich in den Arm und schlenderte fröhlich ins Gebäude. Wie ein ganz gewöhnlicher Teenager, der gerade einen schönen Abend mit einer Freundin verbracht hatte. Auch wenn diese Freundin ihre Mutter hätte sein können …

6

Eine Hochzeit à la *Tausendundeine Nacht*

Woche für Woche änderte sich die Konstellation meiner Yogaklasse. Einige Frauen wie Arwa, Samira und Rasha bildeten die Kerngruppe, andere schauten nur unregelmäßig vorbei. Doch ganz gleich, ob nur zwei oder zehn Frauen mitmachten, war es für mich jedes Mal eine Bereicherung, dort zu sein. Nicht nur, weil ich immer mehr über den Nahen Osten erfuhr, eine Region, deren Kultur, Politik und Religion mir bis dahin sehr fremd und weit weg von meiner eigenen Lebenswelt vorkamen, sondern auch, weil ich viele unglaublich starke und inspirierende Frauen kennenlernte. Frauen, die nicht aufgaben und sich gegenseitig den Rücken stärkten, obwohl sie alles, ihre Familien, ihr Hab und Gut, hatten hinter sich lassen müssen. Dieser Zusammenhalt der Frauen untereinander, wie ich ihn in Deutschland nur selten erlebte, war etwas, das mich besonders beeindruckte. Nie sprachen sie schlecht übereinander, und wenn eine von ihnen sich um ihre Familie in der Heimat sorgte, versuchten die anderen, sie nach besten Kräften zu trösten.

Doch auch schöne Dinge ereigneten sich auf der Flucht. Und manch eine ließ es sich trotz Sorgen und Not nicht nehmen, ein Zeichen für die Zukunft zu setzen und zu heiraten. So wie Lina, eine muslimische Endzwanzigerin, die seit Wochen von nichts anderem sprach als von ihrer Hochzeit. Wobei die Frage, welches Kleid und welche Schuhe sie tragen würde, wie bei jeder Braut die wichtigste war. Weshalb wir während der Yogastunden auch immer häufiger, anstatt Yoga zu praktizieren, über das perfekte Brautkleid und die passenden Schuhe diskutierten.

Irgendwann war es so weit: Das Outfit und die Location waren perfekt. Ich freute mich für die junge Frau und noch mehr freute ich mich darüber, dass sie mich zu ihrer Hochzeit eingeladen hatte. Ich war gespannt auf meine erste arabische Hochzeit, aber vielleicht würde die gar nicht so anders sein? So modern, wie ich die Frauen bisher erlebt hatte. Doch sie wurde schließlich doch ganz anders als erwartet, herzlich, fröhlich, festlich, ja einfach wunderschön.

Wie vor jeder Hochzeit stellte sich mir auch dieses Mal die große Frage: Was anziehen? Ich entschied mich schließlich für ein kurzes goldenes Glitzerkleid mit Ausschnitt und hohe Schuhe. Was ich schon ziemlich gewagt fand. Doch als ich den mit weißen Girlanden und roten Luftballons geschmückten Raum betrat, wurde ich eines Besseren belehrt: Denn die Frauen sahen alle so hübsch aus, als kämen sie aus einem modernen *Tausendundeine-Nacht*-Film. Ihre Haare waren kunstvoll hochgesteckt und mit kleinen Blüten oder Glitzersteinchen verziert, dazu hatten sie farblich passend Wimperntusche aufgelegt und die Augen mit schwarzem Kajal geschminkt. Sie mussten Stunden daran gesessen haben.

Meine Sorge, dass mein Glitzerkleid zu kurz wäre, war völlig grundlos gewesen, wie ich dann sah. Denn mein Outfit wirkte im Gegensatz zu dem Sexiness-Faktor ihrer Kleider langweilig und bieder. Als ich nach dreimaligem Hinschauen Samira erkannte, die sogleich winkend auf mich zugeeilt kam, fragte ich mich, wie sie auf diesen hohen Pfennigabsätzen überhaupt so schnell gehen konnte.

»Alles eine Frage der Übung«, erklärte sie mir und zog mich an einen Tisch, der mit Blumen geschmückt war und an dem ich Rasha und Mona ausmachte. Die sich natürlich ebenfalls perfekt zurechtgemacht hatten.

»Jetzt erst mal ein Gläschen Sekt«, sagte ich zu ihnen, ohne groß darüber nachzudenken.

Beide sahen mich etwas betreten an.

»Hier gibt es keinen Alkohol«, antwortete Samira und zeigte auf die Cola- und Fanta-Flaschen, die bereits auf dem Tisch standen.

Ach ja, na klar. Und keine Männer, wie ich bemerkte, nachdem ich mich noch mal umgeschaut hatte.

»Feiern eure Männer etwa nicht mit euch?«, erkundigte ich mich bei Mona, die belustigt Rasha und Samira ansah.

»Meinst du, dann würden wir so herumlaufen?«, fragte sie und zeigte auf ihr Kleid und ihre Haare.

»Aber keine Sorge«, sagte Samira lachend, »später bekommst du auch noch Männer zu sehen. Aber das dauert noch eine Weile ...«

»Ist das auf jeder syrischen Hochzeit so?«, fragte ich.

Mona schüttelte lachend den Kopf.

»Nein, natürlich nicht. Es gibt bei uns ja auch jede Menge Christen, oder ...«

»... oder weniger gläubige Moslems«, wurde Mona von Arwa unterbrochen, die in diesem Moment an den Tisch kam, »die sich für diese Regeln nicht interessieren.«

Mona, Samira und Rasha lachten.

»Und es stört euch nicht, wenn Arwa so redet?«, erkundigte ich mich vorsichtig.

»Syrien war schon immer ein sehr tolerantes Land, was die Ausübung von Religion angeht«, erwiderte Samira. »Doch jetzt genug von Religion und Politik. Lasst uns feiern!«, schlug sie vor und zog mich hinter sich auf die Tanzfläche, wo bereits einige Frauen in einer Reihe tanzten und sich dabei an den Händen hielten. Mir, die es gewohnt war, zu englischsprachiger Popmusik oder deutschen Singer-Songwriter-Songs zu tanzen, kam es zunächst ziemlich seltsam vor, mich zu arabischer Musik zu bewegen. Aber die Frauen ermutigten mich, und da keine Männer da waren, von denen man sich beobachtet fühlte, traute ich mich zumindest für einen Moment, mitzutanzen.

Überhaupt war die Stimmung dadurch, dass keine Männer anwesend waren, eine ganz andere als auf deutschen Hochzeiten, wo primär viel getrunken und geflirtet wird. Hier indes ging es nicht darum, jemandem zu gefallen oder jemanden zu beeindrucken, sondern darum, gemeinsam mit der Braut ihren Tag zu feiern und sich ihr zu Ehren hübsch zu machen. Auch wenn die Frauen es sich natürlich nicht nehmen ließen, sich von ihren Freundinnen fotografieren zu lassen, damit sie ihr Outfit später ihrem Mann und ihrer Familie zeigen konnten.

Nach einer Weile wurde es unruhig im Saal.

»Was ist denn los?«, fragte ich Arwa, die gerade neben mir in ein Stück zuckersüße Torte stach.

»Der Ehemann kommt«, erklärte mir Arwa.

Was das bedeutete, konnte ich nur wenige Minuten später sehen, als sich der Großteil der Frauen in den hinteren Teil des Raumes zurückzog und mit Hidschab, langärmligem Oberteil oder auch mit einem mantelartigen schwarzen Gewand, der Abaya, zurückkam. Nur einige wenige wie Arwa blieben sitzen. Doch auch das schien niemanden zu stören.

Plötzlich hörte ich lautes Getrampel und Männergesänge vor der Tür. Die Frauen schwirrten hektisch durch den Saal und scharten sich in einem Kreis um Lina, die in ihrem wunderschönen Brautkleid aus Spitze aufgeregt auf ihren Ehemann wartete.

Das Singen und Poltern wurde immer lauter. Tiefe klare Männerstimmen sangen fröhlich klingende arabische Lieder. Dann wurde von einem Mann etwas laut in den Raum gerufen und alle Anwesenden stimmten in ein lautes zustimmendes Gejohle ein – Segenssprüche, die für das Brautpaar gesprochen wurden.

Lina stand noch immer ganz aufgeregt im Kreis ihrer Freundinnen und Familie. Ihr Mann wurde auf den Schultern hereingetragen und suchte schmachtenden Blickes seine Frau. Und spätestens, nachdem sich der Kreis um Lina öffnete und sie endlich ihren Mann in die Arme schloss, hatten alle Anwesenden Tränen in den Augen, so glücklich sahen die beiden aus.

Eilig wurden sie von der Mutter zu zwei Stühlen geführt, die auf einer mit weißem Stoff bedeckten Empore standen.

»Geschenke!«, rief Arees, die sich zu uns gesellt hatte und das erste Mal an diesem Abend von ihrem Handy aufsah. Hastig griff ich in meine Handtasche und zum Glück hatte auch ich mein kleines Präsent nicht vergessen.

Ich hatte mir lange überlegt, was ich den beiden schenken wollte. Geld? Das könnten sie sicher gut brauchen. Weshalb ich mit den Sozialarbeitern des Heims zusammengelegt hatte, um den Frischvermählten den Start in Deutschland ein wenig zu erleichtern.

Obwohl sie wahrscheinlich erst mal ihre Hochzeit davon abbezahlen mussten.

Doch irgendwie hatte ich das Bedürfnis, ihnen mehr zu schenken. Nichts Teures. Etwas Persönliches. Da fiel mir meine Kette ein. Eine dünne goldene Kette mit einem ebenfalls goldenen Kleeblatt-Anhänger. Und da Kleeblätter bekanntlich Glück bringen, war die Kette, wie ich fand, das ideale Geschenk für das frisch verheiratete Paar.

Wie es der Zufall so wollte, schien meine Wahl genau richtig gewesen zu sein. Denn Lina bekam, während alle

Gäste um sie herumstanden oder -tanzten, immer wieder ein Stück Goldschmuck um den Hals oder um den Arm gehängt. Irgendwann war auch ich an der Reihe, und als ich ihr meine kleine Kette um den Hals legte, sah sie mich glücklich an.

Als Lina nur eine Woche später wieder bei mir in der Yogastunde war, sah ich, wie die kleine Kette immer noch um ihren Hals baumelte ...

7

Endlich Gewissheit: Welcome in »Good old Germany«!

Mittlerweile war schon ein halbes Jahr vergangen, seitdem ich das erste Mal ins Heim gekommen war, und aus einer anfänglichen Fremdheit wurde immer mehr Vertrauen. Und Freundschaft. So wie bei Arwa, die mich mit ihren beiden Kindern immer häufiger besuchte.

Arwa hätte mich auch gern zu sich eingeladen, doch da sie noch immer keine Wohnung gefunden hatte, obwohl sie schon lange dazu berechtigt war, scheute sie davor zurück, mich in ihre enge Unterkunft einzuladen. Zudem merkte ich auch, wie gut es ihr und den Kindern tat, wenn sie für einige Stunden aus der Enge und dem Lärm des Heims zu uns kamen. In eine stinknormale Wohnung, mit eigener Küche und Bad. Zwei Dinge, die ich, seitdem ich Arwa und ihre Wohnsituation kannte, erst wieder so richtig zu schätzen wusste.

»Arees steht jeden Tag um vier Uhr morgens auf, nur damit sie in Ruhe duschen kann«, hatte mir Arwa erzählt.

Wenn ich daran dachte, wie wichtig mir als Teenager meine Privatsphäre im Bad gewesen war, konnte ich das nur allzu gut verstehen. Trotzdem war es hart. Insbesondere, da sie einen weiten Schulweg hatte. Doch immerhin hatte sie eine gute Schule gefunden, was auch nicht selbstverständlich war. Denn trotz des Anspruchs auf einen Platz in einer Schule war es alles andere als leicht, hier in Berlin einen zu finden ...

Und auch das Kochen gestaltete sich für die drei mehr als schwierig. Kein Wunder, wenn über dreißig Personen sich eine Küche teilten, in der häufig nur vier Herde standen und alle gleichzeitig ihr Essen für die Kinder zubereiten wollten.

So kam mir, als ich und mein Mann eines Tages beim Frühstück miteinander den bevorstehenden Sommerurlaub planten, eine Idee.

»Wir könnten doch Arwa und ihre Familie fragen, ob sie in unserer Abwesenheit das Haus hüten?«, schlug ich ihm vor.

Mein Mann schaute mich hocherfreut an.

»Perfekt! Der Kater wird sich freuen.«

Gesagt, gefragt. Doch Arwa schaute mich alles andere als begeistert an.

»Ihr wollt, dass ich auf eure Wohnung aufpasse?«, fragte sie skeptisch.

»Klar! Dann müssen wir uns auch keine Sorgen um den Kater machen«, antwortete ich und meinte es so. Denn unser Kater war nicht gerade pflegeleicht und schon beleidigt, wenn ich nur für zwei Stunden das Haus verließ. Arwa allerdings schien mir das nicht so recht zu glauben.

»Nein!«, sagte sie dann entschieden.

Bitte?

»Aber warum denn nicht?«, fragte ich verblüfft.

»Weil meine Kinder garantiert irgendetwas kaputt machen werden«, antwortete Arwa und verschränkte die Arme vor der Brust.

Ich konnte mir ein Lachen nicht verkneifen.

»Aber ich bitte dich! Die sind doch keine Babys mehr.«

»Nein!«, gab Arwa zu.

»Aber wir sind doch versichert«, warf ich ein.

»Auf keinen Fall!«, sagte Arwa.

Ich konnte es nicht glauben, dass sie sich diese Gelegenheit entgehen lassen wollte, aus dem Heim zu entkommen.

Doch zum Glück kam Arees in diesem Moment aus der Schule zurück. Sonst wäre es wahrscheinlich unmöglich gewesen, Arwa von ihrem Standpunkt abzubringen.

»Aber Mom!«, zeterte Arees, als ich ihr von meiner Idee berichtete. »Weißt du eigentlich, wie gut das WLAN bei Bettina ist?«

Arwa schüttelte energisch den Kopf. Doch ich sah, wie ihr Widerstand zu schmelzen begann. Kinder sind eben doch die besten Überredungskünstler, die es gibt.

»Und ein eigenes Bad. Mit einer Badewanne!«, fuhr Arees weiter fort.

Arwa kniff verbissen die Lippen zusammen.

»Aber ihr müsst mir versprechen, nichts anzurühren!«, presste sie hervor.

»Arwa!«, versuchte ich, sie zur Räson zu rufen.

»Und kein Besuch! Von niemandem, hast du verstanden?«, sagte sie zu Arees gewandt. Die nickte zustimmend. Ich verstand das alles nicht.

»Alle eure Freunde sollen kommen!«

»Nein!«, entschied Arwa.

Arees grinste. Und ich hoffte, dass sie ihre Mutter auch in diesem Punkt überreden könnte.

Wir verlebten einen wunderschönen Sommerurlaub im Schwarzwald und bekamen von Arwa regelmäßig Fotos von unserem Kater aufs Handy geschickt: wie er wie ein ausgestrecktes Hühnchen in der Sonne im Garten lag, Arees ihn kraulte, Hani mit ihm spielte oder wie er einfach nur glücklich und friedlich auf dem Sofa schlief. Mein Mann und ich waren uns sicher, dass wir nach dieser Rundumbetreuung ein echtes Problem mit ihm haben würden, wenn wir wiederkamen. Denn so viel Aufmerksamkeit war er selbst von uns Katzenliebhabern nicht gewohnt. Ich glaube, er erlebte die beste Zeit seines Lebens.

Doch nicht nur er. Denn als wir nach einer achtstündigen Autofahrt drei Wochen später wieder zu Hause waren, erwartete uns nicht nur die sauberste Wohnung, die ich je gesehen hatte. Nein, auf dem Esstisch standen zudem noch ein riesiger Blumenstrauß und so viel Essen, dass wir die nächsten drei Tage nicht mehr kochen mussten: mit Reis gefüllte Weinblätter, Kartoffeln mit Hähnchen und Gewürzen, Humus, kleine Teigtaschen und vieles, vieles mehr.

»Ich glaube, wir sollten öfter in den Urlaub fahren«, sagte mein Mann, während er sich seine dritte Teigtasche in den Mund schob.

Ich nickte und kaute genüsslich. Und als wir am Abend müde, satt und glücklich ins Bett fielen, war von dem Essen doch weniger übrig geblieben, als wir gedacht hätten.

Nur wenige Wochen später, es war mittlerweile Mitte November, kam Arwa eines Tages aufgeregt zu mir in die Yogastunde gestürmt.

»Wir dürfen bleiben«, vermeldete sie überglücklich und schloss mich fest in die Arme. Ein wohliger Schauer lief mir den Rücken hinunter. Wochenlang hatten wir auf diese Nachricht gehofft. Und nun, endlich, war es Realität!

Ich konnte es kaum fassen. Obwohl ich mir nur ansatzweise vorstellen konnte, was diese Nachricht für Arwa und ihre Familie bedeutete, war auch ich tief berührt. Eine Träne lief mir über die Wange, die Arwa mir lachend wegwischte.

»Endlich werde ich Samer wiedersehen«, flüsterte sie selig.

Samer, ihren Mann, der seit Monaten in Italien festsaß.

Nachdem sie sich alle nach einer gefährlichen Flucht in den Niederlanden glücklich wiedergetroffen hatten, war ihnen von den Behörden eröffnet worden, dass sie nach Italien zurückkehren müssten, weil Arwa und die Kinder dort das erste Mal europäischen Boden betreten hatten, was wiederum laut Dublin-II-Verordnung hieß, dass Italien für ihr Asylverfahren zuständig war und sie in keinem anderen EU-Land Asyl beantragen durften.

Nachgeprüft werden kann dies durch Fingerabdrücke, die jeder Asylsuchende abgeben muss und die dann in das European Dactyloscopy (EURODAC), eine europäische Datenbank zur Speicherung von Fingerabdrücken, eingegeben werden. Arwa und ihre Kinder hatten dieses Prozedere in Italien, ihr Mann Samer in den Niederlanden durchlaufen. Doch da Familien laut Dublin II zusammenbleiben sollten, wurden sie alle nach Italien ausgewiesen. Arwa, die wusste, dass Italien heillos überfordert war mit der hohen Anzahl an Geflüchteten, wollte ihren Kindern dieses Schicksal ersparen, und so entschied sich das Paar dazu, sich zu trennen. Arwa floh mit Arees und Hani weiter nach Deutschland, indes Samer nach Norwegen ging, in der Hoffnung, dort vielleicht Asyl zu bekommen und seine Familie zu sich holen zu können. Doch auch die norwegischen Behörden schickten ihn zurück nach Italien, wo er nun über Monate allein gewesen war und darauf hoffte, dass zumindest Arwa und die Kinder in Deutschland Asyl bekommen würden und ihn dann irgendwann zu sich holen könnten.

Was nun auch tatsächlich geschehen war.

Freudig verkündete ich am Abend meinem Mann die frohe Botschaft und uns beiden war sofort klar: Sobald Samer da wäre, würden wir hier in unserer Wohnung ein kleines Willkommensessen für ihn veranstalten.

Nur zwei Wochen später war es so weit: Arwas Mann war in Deutschland und kam mit dem Rest der Familie zu uns zu Besuch.

Ich war ein wenig aufgeregt, denn ich wusste nur ansatzweise, was er in den letzten Wochen erlebt und wie sehr er unter der Trennung von seiner Familie gelitten hatte. Auch seine Lebenssituation in Italien war aufgrund der steigenden Flüchtlingszahl alles andere als einfach gewesen. Arwa hatte sich diesbezüglich immer sehr zurückgehalten und nur wenig erzählt. Doch wenn sie von ihrem Mann sprach, sah man in ihren Augen, wie sehr sie sich um ihn sorgte.

»An manchen Abenden muss er auf dem Boden schlafen«, hatte sie mir erzählt, »und er hat noch nicht mal eine Decke, mit der er sich wärmen kann …«

Unvorstellbar. Doch für viele der Geflüchteten, die in Italien waren und ihr ganzes Geld für die Flucht ausgegeben hatten, Alltag.

Aber nun hatten Arwa und ihre Familie das Schlimmste hinter sich. Endlich konnten sie ihren Mann und Vater wieder in die Arme schließen – und wir ihn in seiner neuen Heimat begrüßen.

Zwanzig Minuten später als verabredet klingelte es an der Tür.

Mein Mann schüttelte den Kopf, ich lächelte nachsichtig.

»Das müssen sie als echte Deutsche aber noch lernen«, sagte er scherzhaft, während er sich daranmachte, das Essen aufzutischen.

Oder die Deutschen müssen lernen, lockerer zu sein, dachte ich, während ich die Tür öffnete.

Eine strahlende Arwa stand vor mir. Dicht hinter ihr die Kinder, natürlich mit dem Smartphone in der Hand. Und etwas weiter hinten, ein großer, müde aussehender Mittvierziger.

»Das ist Samer!«, sagte Arwa sichtlich stolz und zog den armen Mann ins Licht.

»Hi«, sagte er schüchtern.

»Er spricht weder Deutsch noch Englisch, ihr könnt euch also sowieso nicht mit ihm unterhalten«, kommentierte Arees das Zusammentreffen, ohne von ihrem Handy aufzusehen.

Arwa knuffte sie in die Rippen und Hani verdrehte die Augen.

»Also, so schlimm ist sein Englisch nun auch nicht«, verteidigte ihn Arwa, woraufhin Arees und Hani laut zu lachen anfingen.

»Wie wär's, wenn wir uns alle erst mal setzen?«, schlug mein Mann vor. Was wir dann auch taten.

Und trotz Samers angeblich so schlechtem Englisch wurde es ein sehr unterhaltsamer Abend mit guten Gesprächen und mehreren geleerten Flaschen Wein. Denn auch in diesem Punkt waren Arwa und ihr Mann uns viel ähnlicher, als wir gedacht hätten.

8

Wohnungssuche und bürokratische Idiotien

Wer selbst mal arbeitslos war oder Bafög beantragt hat, der weiß, wie schwierig es ist, sich im deutschen Bürokratie-Dschungel zurechtzufinden. Und wenn man weder der Sprache mächtig noch gewohnt ist, sich mit solchen bürokratischen Hürden auseinanderzusetzen, dann wird der Versuch nahezu unmöglich. So wie es bei meiner Freundin Arwa der Fall war, die mir immer wieder erzählte, dass man in Deutschland innerhalb von einem Monat so viele Formulare ausfüllen müsse, wie in Syrien in seinem ganzen Leben. Weshalb Arwa immer wieder am Rande eines Nervenzusammenbruchs war, wenn sie einen Termin beim Sozialamt hatte. Und es half auch nicht, dass ich ihr immer wieder versicherte, dass es uns Deutschen mit den Formularen ganz ähnlich ergehe wie ihr.

»Bei uns in Syrien konnte ich sogar für Samer zum Amt gehen und unterschreiben«, berichtete mir Arwa, »niemanden hätte das gestört.«

Dass wir in Deutschland mit Blick auf Amtsgänge so umständlich ticken, das konnte sie einfach nicht verstehen.

Und seien wir doch ehrlich: Bei vielen Formularen verstehen wir ja selbst nicht, warum wir sie ausfüllen müssen. Geschweige denn wie – weshalb ich mich anbot, ihr zu helfen.

Leicht fiel es mir nicht, und manchmal fragte ich mich, ob ich und die Menschen, die diese Formulare konzipiert hatten, tatsächlich im selben Land lebten. Oder gab es noch irgendwo versteckt eine Bürokratische Republik Deutschland, in der jeder mit einem Fremdwörterlexikon und dem BGB unter dem Arm spazieren ging und man sich bei der Begrüßung statt eines freundlichen »Hallo« ein »Denken Sie immer an Paragraf 1314 Absatz zwei« zurief?

Besagter Paragraf legt übrigens fest, dass eine Ehe nicht gültig ist, wenn ein Ehepartner bei der Eheschließung bewusstlos war ... Falls Sie also eines Tages ganz besonders genervt von Ihrem Gatten oder Ihrer Gattin sein sollten – einfach sagen, Sie seien bei der Trauung nicht ganz da gewesen. Und schon sind Sie wieder frei wie ein Vogel ...

Aber um auf Arwa und die Formulare zurückzukommen: Während einer dieser endlosen Ausfüll-Episoden kam ich dann auch zu der Frage, welche Staatsangehörigkeit sie besitze, und wollte gerade »syrisch« eintragen, als Arwa mich am Arm packte.

»Du musst drei X machen«, sagte sie mir.

Was war denn das jetzt schon wieder für ein Trick?

»Wir sind doch Staatenlose«, erklärte sie mir verlegen.

Irgendetwas hatte ich wohl schon wieder nicht mitbekommen. Also versuchte Arwa, es mir zu erklären: »Wir sind zwar alle in Syrien geboren, aber da sowohl meine als auch Samers Eltern Palästinenser sind, gelten wir nicht als syrische Staatsbürger.«

»Sondern?«, fragte ich verwundert.

»Als staatenlose Flüchtlinge«, antwortete sie und zuckte ratlos mit den Schultern. »Dementsprechend haben wir auch keinen ganz normalen Reisepass, sondern ein Reisedokument für palästinensische Flüchtlinge«, erläuterte sie.

»Krass«, stellte ich fest und trug mit einem seltsamen Gefühl dreimal ein X in das Feld »Staatsangehörigkeit« ein. »Dann muss deine Familie ja schon zum zweiten Mal fliehen ...« Arwa nickte.

»Man gewöhnt sich daran«, sagte sie dann schulterzuckend und goss mir eine Tasse von ihrem »Ich erwecke jeden rasch wieder zum Leben«-Kaffee ein.

Wie leicht mein Leben doch war, dachte ich in diesem Moment zum zigsten Mal. Und das allein schon deshalb, weil ich einen deutschen Pass in meinem Portemonnaie hatte.

Anfang Januar war es wieder so weit. Arwa musste zum Landesamt für Soziales und Gesundheit, um sich den Krankenschein für das erste Quartal abzuholen. Dabei wollte sie sich gleich bei der zuständigen Mitarbeiterin erkundigen, warum ihr Mann Samer nicht bei ihr im Heim übernachten dürfe.

»Stattdessen muss er in einem Hostel schlafen«, erzählte mir Arwa verärgert, »und wie alle anderen Besucher um 22 Uhr gehen.«

Dabei wäre sie so gern mit ihm zusammengeblieben. »Wen stört es denn, wenn er über Nacht bei uns bleibt?«

Auch ich hatte keine logische Erklärung dafür. Aber sicher gab es für diesen Sachverhalt irgendwelche Regeln, die eingehalten werden mussten. Aber war es denn für eine Familie, die so viel durchlebt hatte und so lange getrennt war, nicht das Wichtigste, zusammen zu sein? Würden wir uns das in einer solchen Situation nicht auch wünschen?

Das fragte ich auch die Mitarbeiterin des LAGeSo, als ich Arwa zu ihrem Termin begleitete.

Sie nickte mir zustimmend zu und sagte: »Ich kann Sie sehr gut verstehen, aber wir müssen leider die offiziellen Wege einhalten und die besagen, dass Herr Balbicy nicht einfach bei seiner Familie im Heim einziehen darf.«

Ich spürte, wie sich eine unbändige Wut in mir breitmachte, und wollte gerade lospoltern, dass mir das so etwas von egal sei, als ich Arwas Hand auf meinem Arm spürte.

»Bettina! Das schaffen wir auch noch«, flüsterte sie mir leise zu.

Die Menschen aus Syrien waren so höflich und zurückhaltend, weshalb sie sich manchmal auch zu leicht von irgendwelchen Ämtern abwimmeln ließen. Die Hartnäckigkeit, die es manchmal brauchte, um an sein Ziel zu kommen, insbesondere, wenn das Gegenüber eigentlich nur so schnell wie möglich nach Hause wollte, ging ihnen völlig ab. Doch dafür hatte Arwa in diesem Fall ja mich mitgenommen.

»Aber der Heimleiter hat gesagt, dass Samer in dem Zimmer übernachten kann«, warf ich so diplomatisch wie möglich ein.

Die Sachbearbeiterin schaute starr auf ihren Computer.

»Das habe ich nicht gehört.«

Im Ernst?

»Also?«, fragte ich irritiert. »Wenn der Heimleiter nichts dagegen hat ...«

»... und ich davon nichts weiß, dann machen Sie eben, was Sie für richtig halten«, ergänzte sie und sah mich lächelnd an.

Es gab im dunkelsten Bürokratie-Dschungel also doch den einen oder anderen Lichtblick. Freudig stupste ich Arwa an, die mich verständnislos ansah.

»Und wo ich schon mal hier bin«, sprudelte es aus mir heraus, »ab wann kann Frau Idrees eigentlich eine eigene Wohnung beziehen?«

»Ab sofort ...«, antwortete die Sachbearbeiterin und streckte mir zwei grüne Krankenscheine entgegen, »... wenn Sie eine angemessene finden.«

Das hörte sich doch gut an.

»Allerdings«, sagte sie, »müssen Sie, bevor sie den Mietvertrag unterschreiben, erst einmal wieder hier vorstellig werden, damit wir prüfen können, ob die Miete in Ordnung ist. Und dann«, fuhr sie fort, während sie in ihrer

Schreibtischschublade kramte, »können Sie, wenn wir zustimmen, den Mietvertrag unterschreiben.«

Sie hielt mir ein neues dicht beschriebenes Blatt vor die Nase.

»Hier ist eine Tabelle mit den entsprechenden Zahlen. Der Preis richtet sich immer nach der jeweiligen Anzahl an Personen.«

Sie kreiste mit ihrem Stift die betreffende Stelle für drei Personen ein.

»Aber sie sind doch zu viert!«, korrigierte ich sie.

»Ja, aber Herr Balbicy ist erst seit zwei Wochen hier«, erklärte sie mir, »weshalb er auch noch nicht im Heim, sondern in einer Erstaufnahmeeinrichtung wohnt …«

»Sie meinen das Hostel?«, unterbrach ich sie.

»Ganz genau«, fuhr sie unbeirrt fort, »Hostel-Gutscheine werden ausgestellt, wenn die Erstaufnahmeeinrichtungen überfüllt sind«, sagte sie und schaute mich dabei an, als erklärte sie einer Sechsjährigen das Einmaleins. »In spätestens drei Monaten darf dann auch Herr Balbicy in ein Heim beziehungsweise in eine Wohnung ziehen«, ratterte sie die Bestimmungen weiter herunter.

»Weshalb seine Familie jetzt nur eine Wohnung für drei Personen suchen kann, auch wenn klar ist, dass sie dort zu viert wohnen werden?«, fragte ich verdattert.

»Ganz genau«, stimmte sie mir zu.

»Aber das ist ja völlig absurd«, stellte ich ungläubig fest.

»Sobald Herr Balbicy die Erlaubnis hat, selbst eine Wohnung zu beziehen, kann sich die Familie selbstverständlich nach einer größeren umschauen«, antwortete die Sozialarbeiterin.

»Aber Sie wissen doch selbst, wie schwer es ist, hier in Berlin eine Wohnung zu finden«, beschwerte ich mich über diesen Irrsinn.

Sie zuckte mit den Schultern und gab mir ein weiteres graues dicht beschriebenes Blatt.

»Hier sind einige Adressen, die Ihnen vielleicht weiterhelfen«, sagte sie und wandte sich wieder ihrem Computer zu.

Unsere Zeit war abgelaufen. Ich warf einen Blick auf das Blatt: ImmobilienScout24, immonet und weitere Adressen von diversen Immobilienseiten. Da wäre ich auch allein draufgekommen, vielen Dank. Wie sollten wir so eine Wohnung finden?

Wie schwer es wirklich werden sollte, wurde mir erst zwei Monate später klar, nachdem ich über Wochen vergeblich versucht hatte, eine passende Bleibe zu finden. Entweder sie waren zu teuer oder schon vergeben. Und wenn wir dann doch einmal einen Termin für eine Besichtigung ergatterten, zog sich die Schlange an interessierten Mietern von der Wohnungstür bis zum Hauseingang.

»Wahrscheinlich müssen wir es so wie meine Freunde machen«, befand Arwa, »und uns von einem deutschen Vermittler eine Wohnung besorgen lassen.«

»Deutscher Vermittler?«, fragte ich irritiert, »du meinst von einem Makler ...«

»Nein«, erwiderte Arwa, »kein Makler. Einen Vermittler, der für einen bestimmten Betrag für Geflüchtete eine Wohnung organisiert.«

»Das hört sich aber alles andere als legal an«, meinte ich leicht schockiert.

Arwa lächelte.

»Was glaubst du, wie wir nach Deutschland gekommen sind?«, fragte sie mich.

»Mit dem Boot?«, sagte ich.

»Und was meinst du, wer uns hierhergebracht hat?«, fragte sie weiter.

»Schmuggler«, antwortete ich zähneknirschend.

»Und rate mal, wie viel wir dafür gezahlt haben?«, fuhr Arwa fort und schaute mich belustigt an.

Ich zuckte unwissend mit den Schultern.

»12.500 Euro!«, erwiderte sie.

»Krass!« Ich war sprachlos. Die Vorstellung, dass manche Menschen mit dem Leid und der Not anderer so viel Geld verdienten, war abstoßend.

»Und meinst du, da schockt es mich noch, dass es auch in Deutschland Menschen gibt, die mit uns Geld verdienen wollen?«, fragte sie und schnaubte verächtlich. »Nein«, beantwortete sie die Frage dann selbst. »Nur leider haben wir kein Geld mehr. Ansonsten würde ich, ohne mit der Wimper zu zucken, einen Vermittler bezahlen.«

Das konnte ich nur allzu gut verstehen. Doch wir mussten uns wohl oder übel etwas anderes einfallen lassen.

Nur eine Woche später, in einer Bar in Berlin-Mitte, kam einer Freundin von mir die zündende Idee.

»Ihr könntet es doch bei einer Genossenschaft probieren«, schlug sie vor. »Die haben immer recht günstige Wohnungen. Allerdings«, warf sie ein und nahm nachdenklich einen Schluck von ihrem Caipirinha, »müsstet ihr dafür dort Mitglied werden.«

Mitglied werden? Kein Problem! Um eine Wohnung für Arwa und ihre Familie zu bekommen, war ich auch bereit, auf den Mond zu reisen. Allerdings nur, wenn die Fahrt nicht länger als eine Stunde dauern würde.

Eine weitere Woche später standen Arwa und ich mit allen Unterlagen bepackt morgens um neun vor dem Geschäftszimmer der Genossenschaft. Alle schienen da zu sein, zumindest war im Hintergrund ein wuseliges Treiben zu sehen. Was die ältere adrett gekleidete Frau am Empfangsschalter jedoch nicht davon abhielt, uns abzuweisen.

»Ich verstehe das nicht«, sagte ich sichtlich verärgert, »ich habe im Internet doch extra nachgeschaut, wann die Geschäftszeiten sind!«

»Neuanmeldungen finden aber nur in den Besuchszeiten statt und die sind heute schon vorbei«, antwortete sie süffisant.

Das durfte nicht wahr sein.

»Wir sind extra von Mitte nach Zehlendorf gefahren ...«, versuchte ich sie mit meinem schönsten Lächeln zu überreden.

»Tut mir leid«, sagte sie, während sie ihre Fingernägel ausgiebig betrachtete, »aber Sie können ja gern zu unserer nächsten Besuchszeit wiederkommen.«

»Danke auch«, knurrte ich und zog Arwa verärgert nach draußen. Wie sollte ich ihr das jetzt schon wieder erklären? Manchmal verstand ich meine Landsleute ja selbst nicht mehr.

Wieder eine Woche später, nur zwei Stunden früher zu besagter Besuchszeit, saßen Arwa, Arees und ich dann im Geschäftszimmer der Genossenschaft.

Nachdem wir von der herrischen alten Dame gnädigerweise in das Zimmer geleitet worden waren, kam nur wenig später ein freundlich aussehender Mittdreißiger zu uns, dem wir unser Anliegen vortrugen.

»Selbstverständlich können Sie sich bei uns auf die Liste für eine Wohnung setzen lassen«, erklärte er mir, »Sie müssten allerdings vorher noch Mitglied in der Genossenschaft werden.«

»Kein Problem«, meinte ich freudig.

Sollte es schlussendlich nun doch so einfach gehen?

»Arwa, kannst du mir bitte die Papiere geben?«, fragte ich meine syrische Freundin auf Englisch, die daraufhin aus ihrer Tasche eine zerknitterte Klarsichthülle zog, in der zerknitterte Briefe und Unterlagen steckten. Ein Anblick, der meinem deutschen Bürokratenherz, von dem ich bis dato noch gar nicht wusste, dass ich es besaß, einen schmerzhaften Stich versetzte. Doch die Freude, die man beim Anblick eines wohlgeordneten Aktenordners verspürt, schien meiner syrischen Freundin gänzlich unbekannt. Dabei hatte ich ihr doch erst kürzlich einen wunderbaren schwarzen Ordner geschenkt, in dem sie fein säuberlich all ihre Korrespondenz alphabetisch einsortieren konnte.

»Wo ist denn der Ordner?«, erkundigte ich mich.

Arwa schaute mich entgeistert an.

»Zu Hause.«

Bitte was?

»Ich wollte ihn nicht kaputt machen.«

Natürlich. Einen Aktenordner musste man schonen.

Ich nahm die knittrigen Unterlagen und reichte sie an den Mitarbeiter der Genossenschaft weiter, der sie erst einmal glatt strich, um uns dann zu erklären, dass wir nur dann auf den Wohnungsmarkt der Genossenschaft Zugriff hätten, wenn wir vorher eine bestimmte Anzahl an Genossenschaftsanteilen kauften.

Ich schluckte.

»Die übernimmt aber das Jobcenter«, fügte er hinzu.

Unendliche Erleichterung überkam mich.

»Nachdem Sie den Vertrag für eine Wohnung unterzeichnet haben.«

Wie sollte das denn gehen?

»Bekommen wir die Wohnung?«, fragte mich Arwa freudig.

»Aber vielleicht können ihr Freunde das Geld ja vorstrecken?«, fuhr der Mann fort.

»Wie weit ist es von der Wohnung bis zur nächsten S-Bahn?«, fragte Arees dazwischen.

»Oder Sie probieren es doch über den regulären Wohnungsmarkt«, riet mir der Berater der Genossenschaft dann plötzlich.

Was für eine tolle Idee!

»In Berlin bekommt man ja auf dem freien Wohnungsmarkt auch so mir nichts, dir nichts eine Wohnung, stimmt's?«, fuhr ich ihn an.

Arwa zuckte zusammen. Sie hasste es, wenn ich meine Fassung verlor. Sie war zu höflich. Im Gegensatz zu mir.

»Das war ja nur ein Vorschlag«, erwiderte der Mitarbeiter pikiert. »Aber die Genossenschaft kann leider nur demjenigen eine Wohnung vermitteln, der auch Anteile besitzt. Das Jobcenter wiederum zahlt die Genossenschaftsanteile jedoch erst dann, wenn Sie ihm den Mietvertrag für eine Wohnung vorlegen. Das heißt im Klartext ...«, wollte der junge Mann gerade abschließen.

»... dass wir von Ihnen keine Wohnung bekommen können«, stellte ich ernüchtert fest.

»Es sei denn, Sie zahlen die Anteile aus eigener Tasche, wie gesagt«, korrigierte er mich.

»Sie wissen schon, dass diese Familie ihr ganzes Geld für die Flucht aus Syrien ausgegeben hat?«

»Sicher«, erwiderte er ernst.

»Gibt es ein Problem«, fragte da Arwa, den Tränen nah.

»Aber es ist nun mal der Grundsatz von Genossenschaften, alle gleich zu behandeln«, schloss er.

»Bestimmt ist die Wohnung am Arsch der Welt«, sagte Arees mürrisch zu ihrer Mutter, die sie wiederum ermahnte, ruhig zu sein.

»Aber verdammt noch mal, Sie sehen doch selbst, was für ein unlogisches Vorgehen das ist«, blaffte ich. Nun ging alles durcheinander.

»Das müssen Sie nicht uns, sondern dem Jobcenter erzählen«, erwiderte der Mitarbeiter.

»Können Sie denn keine Ausnahme machen?«, bat ich ihn flehentlich.

»Und wo hören wir dann mit den Ausnahmen auf? Bei der alleinerziehenden Mutter, die Hartz IV bezieht?«, gab er zurück.

Irgendwie hatte er ja Recht.

»Was ist mit der Wohnung?«, erkundigte sich Arwa ängstlich.

Ich schüttelte den Kopf.

Eine Träne rann ihr über das Gesicht. Schon wieder ein Hoffnungsschimmer, der sich in Luft auflöste.

Und so ging es weiter. Denn in Berlin herrschte nicht nur ein unglaublicher Wohnungsmangel, sondern es gab auch jede Menge Vorurteile und Vorbehalte seitens der Vermieter.

Ein besonders krasses Fallbeispiel lernte ich durch einen befreundeten Journalisten kennen, der dringend auf der Suche nach einem Nachmieter für seine alte Wohnung war.

Gleich, als ich davon erfuhr, meldete ich mich bei ihm und tatsächlich hatte ich in diesem Fall endlich einmal Glück: Die Wohnung war noch nicht vergeben. Und sie lag nicht nur in Mitte, sondern würde auch noch zum nächsten Monat frei werden. Alles klang perfekt!

Überglücklich, wie ich war, rief ich Arwa an und teilte ihr die freudige Nachricht mit. Zu früh, wie sich herausstellte. Denn nur einen Tag später bekam ich einen Anruf von meinem Kollegen.

»Bettina, es tut mir total leid«, sagte er zerknirscht, »aber mit der Wohnung ... das wird leider nix.«

»Ja aber wieso denn nicht?«, fragte ich verwundert, »wir haben doch alles, was die brauchen: Schufa-Auskunft, Kontoauszüge und die Kostenübernahme vom Jobcenter wird bei der Miete ganz sicher auch kein Problem sein!«

»Darum geht es leider nicht«, erwiderte er kleinlaut.

»Aber, was dann ...«

Ich verstand gar nichts mehr.

»Hast du die Wohnung etwa an jemand anderen vergeben?«

Ich würde ihm den Kopf abreißen, wenn das so wäre.

»Natürlich nicht«, beeilte er sich zu antworten, »aber ...«

»Aber?«, hakte ich nach.

»Aber die Hausverwaltung legt sich quer«, nuschelte er sichtlich verlegen in den Hörer.

»Hä?« Warum denn das? Es war doch alles geregelt. Sie würden ohne Probleme ihr Geld bekommen. Abgesehen davon war in Berlin eine Kostenübernahme vom Jobcenter doch fast sicherer als eine Anstellung des Mieters. Also weshalb sollte die Hausverwaltung sich querstellen?

»Weil sie kein Deutsch sprechen«, erklärte mein Freund kleinlaut.

»Bitte was?« Hatte ich mich da gerade verhört?

»Sie sagen, keiner der Hausbewohner spreche Englisch ...«

»Na klar«, unterbrach ich sie, »Berlin Mitte ist ja auch überhaupt nicht international!«

»... und dass die Kommunikation zwischen ihnen und der Hausverwaltung zu kompliziert werden würde ... was weiß ich«, fuhr mein Freund fort.

Ich verstand das alles nicht. Und auch meinem Kollegen war das alles mehr als unangenehm.

»Ehrlich, Bettina«, versuchte er, mir die Situation weiter verständlich zu machen. »Ich habe alles Menschenmögliche getan. Ich habe ihnen gesagt, dass du übersetzen könntest, wenn es Schwierigkeiten gäbe, und dass der Sohn schon einigermaßen gut Deutsch spreche ... aber sie wollten absolut nichts davon hören.«

»Hast du das schriftlich?«

»Was glaubst du?«, antwortete er sichtlich wütend, »natürlich nicht. Aber glaub mir, da lässt sich nichts machen.«

»Bei einer dänischen oder amerikanischen Familie hätten sie sicher nichts dagegen!«, fluchte ich.

Ich war stinkwütend.

»Wahrscheinlich nicht«, gab mein Freund seufzend zurück. »Aber das hilft uns jetzt auch nicht weiter.«

»Und wer sagt es Arwa?«, fragte ich leise.

Schweigen.

Natürlich ich.

Doch Arwa nahm die ganze Sache wesentlich gelassener auf als ich. Wahrscheinlich, weil sie schon einige solcher schlechten Erfahrungen gemacht hatte.

Das jedoch deprimierte mich nur noch mehr.

»Ach, Bettina«, versuchte sie, mich zu trösten, »du glaubst einfach zu sehr an das Gute im Menschen ...«

»Also hör mal«, empörte ich mich und löste mich aus ihrer Umarmung, »das hat doch nichts mit gut oder schlecht zu tun. Das ist Rassismus!«

»Oder auch einfach nur ein Zeichen von Angst, weil so viele fremde Menschen nach Deutschland kommen«, antwortete sie. »Und wer weiß, ob ich nicht ähnlich reagieren würde, wenn ich in ihrer Situation wäre«, fügte Arwa nachdenklich hinzu.

Beim Abendessen erzählte ich meinem Mann von der Absage und deren Begründung.

Aber auch er zeigte sich weniger erstaunt als ich.

»Die Leute haben eben Angst und sind unsicher«, sagte er, »die Anschläge häufen sich und viele befürchten, bei sich in der Nachbarschaft einen radikalen Islamisten zu beherbergen.«

»Das ist doch zum Kotz...!« Etwas Qualifizierteres fiel mir dazu nicht ein.

»Natürlich«, antwortete mein Mann. »Aber was willst du denn machen? Ohne etwas Schriftliches könnt ihr es nicht beweisen.«

»Und deshalb soll ich es ihnen durchgehen lassen?«, warf ich wütend ein.

»Natürlich nicht«, sagte mein Mann nachdenklich.

Doch mein Versuch, die Geschichte in den nächsten Tagen bei einer Berliner Tageszeitung unterzubringen, stieß nur auf mäßiges Interesse. Man werde sich melden, hieß es. Ja, das könne durchaus interessant sein.

Doch wie so oft, wenn es um das Thema Flüchtlinge ging und die Ungerechtigkeiten, die ihnen im Alltag widerfuhren, versandete auch diese Sache.

9

Arees auf Reisen oder: Wozu ist, bitte schön, ein Beichtstuhl gut?

Ende Januar kam meine Mutter zu Besuch nach Berlin, und natürlich kam recht schnell auch die Sprache auf meine syrischen Freunde. Lehrerin, die sie vor ihrer Pensionierung gewesen war, machte sie sich natürlich sofort Gedanken um deren Spracherwerb.

»Bettina, Arees und Hani müssen so schnell wie möglich Deutsch lernen!«, eröffnete sie mir gleich am ersten Tag.

»Dringend!«, bekräftigte sie ihre Aussage.

»Ja, ja«, meinte ich, während ich das dreckige Geschirr in die Spülmaschine räumte. »Bis jetzt hatten die aber noch ganz andere Probleme ...«

»Bettina«, insistierte meine Mutter, »die Sprache ist das A und O, um sich zu integrieren.«

»Ich weiß«, antwortete ich genervt und hatte keine Ahnung, wie ich mich darum jetzt auch noch kümmern sollte.

Da kam mir die Idee: Meine Mutter könnte den beiden doch Deutsch beibringen, solange sie hier wäre!

Gesagt, getan.

Nur zwei Tage später saßen Arees und Hani bei uns am Esstisch und mussten unter Aufsicht meiner Mutter deutsche Grammatik pauken.

»Weißt du, was Hanis Lehrer gesagt hat?«, berichtete sie mir erbost, nachdem die beiden wieder gegangen waren. »So etwas wie den Konjunktiv müssten sie nicht lernen. Den würde hier sowieso keiner benutzen!«

Sie schnaubte wütend.

»Und so etwas schimpft sich Deutschlehrer. Ich meine«, fuhr sie sichtlich erregt fort, »wie wollen denn die beiden mit so einem niveaulosen Deutsch ihr Abitur machen? Geschweige denn später an die Uni gehen?« Sie war entrüstet. Das sah man ihr an. »So werden sie doch immer ein fehlerhaftes Deutsch sprechen.«

Mein Eindruck war leider, dass es vielen der Sprachlehrer ganz gleichgültig war, ob und wie sich ihre Schüler artikulieren konnten. Vielleicht ja auch, weil sie ähnlich wie die Mitarbeiter bei den Ämtern vom Ansturm der Geflüchteten völlig überfordert waren.

Doch meiner Mutter ließ das keine Ruhe, und so schlug sie Arees eine Woche später während der nächsten Nachhilfestunde spontan vor, doch zu ihr zu kommen.

»Und, was hat sie geantwortet?«, erkundigte ich mich neugierig. Denn ich konnte mir beim besten Willen nicht vorstellen, dass Sankt Augustin, ein kleiner Vorort von Bonn, für ein Mädchen im Teenageralter besonders spannend war.

»Sie kommt!«, sagte meine Mutter sichtlich erfreut. »Ich hoffe, sie wird sich dort nicht langweilen ...«

»WLAN!«, sagte mein Mann nur, als ich ihm abends von den Sorgen meiner Mutter berichtete.

»Du und dein WLAN«, gab ich genervt zurück, »das ist doch nicht die Lösung für alles.«

»Aber für vieles«, erwiderte er und grinste siegessicher, »insbesondere bei Teenagern.«

»Aber sie soll ja nicht nur im Netz chatten, sondern auch Deutsch lernen und vielleicht ein bisschen was von unserer Kultur mitbekommen.«

»Dann fährt sie ja genau zur richtigen Zeit ins Rheinland«, antwortete mein Mann und grinste noch breiter.

Ich verstand mal wieder nichts.

»Bettina«, seufzte er, als würde ich das Offensichtliche nicht sehen. »Was haben wir denn gerade für eine Jahreszeit?«

»Winter?« Ich hatte keine Ahnung, was er mit seiner Frage bezwecken wollte.

»Und?«, bohrte er weiter.

»Und?«, fragte ich zurück.

»Welche Jahreszeit ist noch?«, hakte er nach.

»Die kälteste im Jahr?«, antwortete ich kleinlaut, nicht wissend, was er von mir hören wollte.

»Die fünfte!«, gab er triumphierend zurück.

Die fünfte ... und ich dachte immer, es gäbe nur vier: Frühling, Sommer, Herbst und Winter. Und ... ach nein ... das hatte ich ja total vergessen!

»Karneval!«

Mein Mann nickte zufrieden. »Ich bin mal gespannt, ob Arees damit etwas anfangen kann.«

Konnte sie dann nicht, wie mir meine Mutter berichtete, nachdem Arees bei ihr angekommen war.

»Wir waren in der Stadt, und ich habe versucht, ihr die Tradition des Bonner Karnevals näherzubringen.«

»Und?«, fragte ich neugierig.

»Na ja«, gab meine Mutter zerknirscht zurück, »ich hätte ihr vielleicht nicht als Allererstes die Bedeutung der Bonner Stadtsoldaten erklären sollen ...«

Und in der Tat, auf alle, die nicht aus dem Rheinland stammen und deshalb nicht von Kindesbeinen an mit dieser Tradition vertraut sind, kann diese Erfahrung etwas befremdlich wirken: Denn die Karnevalssoldaten sind eine Persiflage auf das Militär des 19. Jahrhunderts, teils auf die unfähigen Stadtsoldaten, so wie bei den Kölner Roten Funken, teils auf das damals vorherrschende preußische Militär. Manche Karnevalsuniformen erinnern auch an die Bekleidung des französischen Heeres unter Napoleon, was nicht weiter verwunderlich ist, da dieser sich durch sein Verbot des Karnevals den Ärger der Rheinländer zuzog. Was sie natürlich nach Ende der Besatzung nicht unkommentiert ließen ... ein komplizierter historischer Zusammenhang also, den Arees, die aus einem komplett anderen Kulturkreis kam, natürlich nicht so leicht verstehen konnte. Wenn überhaupt.

»Und, war sie sehr geschockt?«, fragte ich meine Mutter, denn ich erinnerte mich nur noch allzu gut daran, wie ich reagiert hatte, als ich nach unserem Umzug nach Bonn das allererste Mal den rheinischen Karneval live miterlebte.

»Nö«, antwortete meine Mutter nach einer kurzen Pause, »eigentlich hat sie sich sowieso mehr fürs Shoppen interessiert.«

Sie war eben durch und durch ein Teenager.

»Den Beichtstuhl fand sie noch ganz interessant«, berichtete meine Mutter weiter.

»Ihr seid beichten gewesen?« Auf was für Ideen meine Mutter manchmal kam.

»Natürlich nicht«, gab sie pikiert zurück. »Aber ich habe ihr das Bonner Münster gezeigt, und dort gibt es nun mal, so wie es sich für eine gute katholische Kirche gehört, einen Beichtstuhl.«

»Und?«, erkundigte ich mich belustigt. »Wie fand Arees dieses Konzept des Sündenerlasses?«

»Ich glaube, ganz schön sonderbar ... Aber wie gesagt, das Shopping war wesentlich wichtiger«, sagte meine Mutter etwas enttäuscht.

Ich fand das indes sehr beruhigend, zeigte es doch, dass Arees trotz Krieg und Flucht in vielerlei Hinsicht nicht anders als deutsche Jugendliche war: interessiert an Einkaufstouren – und gelangweilt von den hehren Manifestationen des menschlichen Geistes.

In manchen Lebensphasen konnte ein schöner Rock eben wichtiger sein als die Vergebung etwaiger Sünden – zu denen das Shoppen natürlich nicht gehört. »Ist sie denn hineingegangen?«, fragte ich meine Mutter.

»Wo rein?«, erwiderte diese sichtlich irritiert.

»Na, in den Beichtstuhl«, sagte ich. Wovon hatten wir denn, bitte schön, die ganze Zeit gesprochen?

»Soweit ich weiß, nicht«, antwortete meine Mutter. Dann schwieg sie für einen Augenblick. »Aber jetzt, wo du es sagst«, fuhr sie fort, »einen kurzen Moment habe ich sie nicht gesehen – vielleicht ist sie ja dort hineingeschlüpft und hat schnell alle ihre Sünden gebeichtet ...«

»Oder sie hat für ihre Freundinnen in Syrien ein Video gedreht, um ihnen zu zeigen, wie verrückt die Katholiken sind«, meinte ich. »Die glauben nicht nur an die jungfräuliche Empfängnis, sondern auch daran, dass mit ein paar Gebeten alle Sünden vergeben sind ...«

Wenn ich es nicht besser wüsste, würde ich da auch denken, dass die ja wohl komplett durchgeknallt sein mussten ...

10

»Mein Haus, mein Auto, mein Syrer.«

Mittlerweile war Anfang Juni 2015, die Zeit wie im Flug vergangen. Der Flüchtlingsstrom nach Deutschland und die Zahl der Unglücke auf dem Mittelmeer nahmen stetig zu. Ebenso wie die Bereitschaft in meinem Freundeskreis, sich für die Geflüchteten zu engagieren, die in Deutschland Zuflucht suchten.

Viele begannen, Kleider für die Familien zu sammeln, ihre Kindersachen in Heimen abzugeben oder auch Deutschunterricht in Erstaufnahmelagern zu geben. Und auch ich überlegte immer wieder, ob ich mich nicht noch mehr engagieren sollte, doch ehrlich gesagt war ich mit der wöchentlichen Yogastunde und den daraus resultierenden Aufgaben – Arwa zum Amt zu begleiten, einen Praktikumsplatz für Arees zu organisieren und selbstverständlich immer noch eine Wohnung zu finden – ziemlich eingespannt. Ja, manchmal sogar überfordert. Immer wieder sagte ich mir selbst, dass ich nur dann eine wirkliche Hilfe und Stütze sein konnte, wenn ich mich nicht verausgabte. Aber war meine teilweise Erschöpfung nicht ein

Luxusproblem im Vergleich zu dem, was diese Menschen hier erlebten?

Zum Glück waren meine syrischen Freunde mit Blick auf diese Frage schlauer als ich, und so sagte mir Arwa eines Tages direkt ins Gesicht: »Bettina, du musst auch wieder an dich und deine Familie denken. Wir werden auch ohne dich überleben.«

Womit sie natürlich absolut Recht hatte. Denn immerhin hatten sie es von Syrien bis hierher geschafft, da würden sie es wohl auch eine Weile ohne mich aushalten.

Doch ich fühlte mich zwischenzeitlich eben einfach zu sehr für sie verantwortlich. Sie sprachen immer noch kaum Deutsch und waren von den Ämtern und dem Bürokratie-Wahnsinn eingeschüchtert. Wie konnte ich sie da alleinlassen?

»Vielleicht«, schlug mein Mann eines Samstagmorgens vor, an dem ich mal wieder die Augen kaum aufbekam, »solltet ihr auch mal wieder etwas Schönes miteinander unternehmen und nicht nur so unangenehmes Zeug erledigen.«

»Was meinst du jetzt damit?«, fragte ich, während ich gedanklich am liebsten wieder in mein gemütliches Bett zurückgeschlüpft wäre.

»Was weiß ich«, erwiderte er, »shoppen, ins Kino gehen oder auch einfach nur durch die Stadt spazieren.«

Eine gute Idee. Denn die meiste Zeit, wenn ich Arwa und ihre Freundinnen sah, redeten wir über Behördengänge, Schulprobleme und Sprachbarrieren. Warum nicht zur Abwechslung mal etwas Schönes zusammen erleben?

Nur eine Woche später ergab sich schon die Gelegenheit. Denn Lina war schwanger, wie ich erfuhr.

»Ich würde am liebsten sofort shoppen gehen«, gestand sie mir. »Aber Babykleidung ist in Deutschland so teuer.«

Davon konnte ich ein Lied singen. Denn da ich die Erste in meinem Freundeskreis gewesen war, die ein Kind bekommen hatte, musste ich für meine Tochter fast alles selbst kaufen. Weshalb das Geld, das ich für Kinderkleidung ausgegeben habe, mittlerweile bestimmt der Summe entspricht, für die man auch einen schicken Neuwagen bekommt. Die Kosten für Kinderschuhe nicht mitgerechnet. Wenn ich daran denke, wie teuer Kinderschuhe sind, könnte ich sowieso anfangen zu heulen.

Ich konnte Lina in diesem Punkt also nur zustimmen, deshalb riet ich ihr, auch auf Kinderflohmärkten nach Kleidung zu schauen.

»Kommst du mit?«, fragte sie mich schüchtern. Shoppen? Na klar.

Wir verabredeten uns also für das nächste Wochenende, an dem just auf dem Helmholtzplatz, unweit meiner Wohnung, ein Kinderflohmarkt stattfand. Und was gab es schon Besseres, als sich bei qualitätsbewussten Prenzlauer-Berg-Muttis, die gern mal dreißig oder vierzig Euro für einen Pulli hinblätterten, mit Kinderkleidung einzudecken?

Drei Tage später stand Lina mit ihrer Schwester Fatma um zehn Uhr morgens vor meiner Tür. Beide trugen einen

Hidschab und eine Abaya, einen langärmligen schwarzen Mantel, der über und über mit bunten Stickereien verziert war. Über die Schulter hatten sie zwei große leere Plastiktaschen hängen.

»Für die Kinderkleidung«, stellte Lina fest und grinste über beide Backen.

Schnell griff ich meine Tasche und zog meine Jacke an, denn ich wusste: Die besten Sachen bekam man immer zu Beginn des Flohmarkts.

Wir hatten Glück. Es war ein sonniger, warmer Tag, und man konnte den Menschen auf der Straße ansehen, wie froh sie darüber waren, dass endlich wieder der Sommer Einzug gehalten hatte.

Fröhlich schwatzend spazierten wir zum Flohmarkt, doch immer wieder spürte ich, wie sich junge Pärchen zu uns umdrehten.

Ob sie sich an Linas und Fatmas Kleidungsstil störten?

Doch sollten hier, im hippen, modernen Prenzlauer Berg nicht alle jung und aufgeschlossen sein und Frauen mit Hidschab und Abaya genauso freundlich begegnen wie allen anderen? Vielleicht stieß die Toleranz ja aber auch hinsichtlich aller, die mehr als das übliche Kopftuch trugen, an ihre Grenzen. Oder war ich schon paranoid und bildete mir die sonderbaren Blicke nur ein?

Ein Mann, der sich ganz offensichtlich zu uns umdrehte, nahm mir diese Selbstzweifel. Nein, die Menschen schienen sichtlich irritiert, dass ich hier mit zwei traditionell muslimisch gekleideten Frauen zum Flohmarkt spazierte.

Ich versuchte, das Verhalten meiner Mitmenschen, so gut es ging, zu ignorieren, denn ich wollte mir den Tag mit den beiden nicht verderben lassen.

Bei den ersten Ständen angekommen, stöberten die beiden Frauen sogleich interessiert die Kleiderstapel durch, und ich versuchte ihnen zu erklären, warum manche Bodys nur drei und andere wiederum zehn Euro kosteten. Wobei ich für einen verdreckten, ausgeleierten Petit-Bateau-Body wie den, den Lina in den Händen hielt, nie im Leben zehn Euro ausgegeben hätte.

Kopfschüttelnd legte Lina den Body weg und ging zum nächsten Stand, indes die Verkäuferin des überteuerten Designerteils mich abschätzig musterte.

»Bist du deren Betreuerin?«, fragte sie neugierig.

»Nein«, sagte ich verärgert über ihre Annahme, dass man sich mit muslimischen Frauen nur dann traf, wenn man professionell dazu verpflichtet war, »das sind meine *Freundinnen*!«

Schweigen im Wald.

»Na dann ...«, wollte sie fortfahren.

»... dann was?«, fragte ich provokativ.

»Na dann solltest du denen mal klarmachen, dass es in Deutschland nicht so billig ist wie bei ihnen und sie froh sein können, wenn ich ihnen ein Designerteil für so wenig Geld verkaufe!«

»Das Ding ist total alt«, erwiderte ich wütend und zeigte auf einen braunen undefinierbaren Flecken, der mich von der Mitte des Bodys anleuchtete.

»Aber von Petit Bateau«, antwortete sie kühl.

»Sag mal ...«, wollte ich gerade zu einer Beschimpfung ansetzen, doch da hörte ich Lina rufen: »Bettina, kommst du?«

»Blöde Kuh«, murmelte ich leise und sah, während ich zu Lina ging, wie die schon angegraute gut situierte Prenzlauer-Berg-Mutti befremdet den Kopf schüttelte und sichtlich pikiert ihrer Standnachbarin etwas zuflüsterte.

»Schau mal, was ich gefunden habe!«, sagte Lina und hielt mir freudestrahlend ein mit Strass besetztes rosa Kleidchen unter die Nase.

»Wie sch...schön«, stammelte ich. Selten hatte ich etwas so Geschmackloses gesehen.

»Ich liebe solche Kleidchen«, schwärmte Lina. Geschmäcker konnten so unterschiedlich sein.

Überglücklich gab sie der Verkäuferin zwei Euro, steckte das Kleidchen in ihre Tasche und eilte zum nächsten Stand. Sie und ihre Schwester schienen ganz in ihrem Element zu sein und hatten zum Glück nichts von dem unverschämten Verhalten der anderen Verkäuferin mitbekommen.

Gemütlich schlenderten wir anschließend weiter, und ich warf hier und da einen Blick auf die geblümten und rosa Kleidchen, die Lina und ihre Schwester fröhlich in die Luft streckten. Für meine Tochter, die mit ihren neun Jahren in ihren schwarzen Hoodies und Bluejeans manchmal wie eine linke Autonome aussah, gab es hier definitiv nichts zu entdecken.

Ich war gerade dabei, Lina und ihre Schwester gen Ausgang zu lotsen, da sprach mich eine junge Mittdreißigerin, Typ »praktisch-pragmatisch-gut« an.

»Sind das deine beiden Freundinnen?«, fragte sie freundlich und zeigte auf Lina und Fatma.

»Ja«, sagte ich, froh darüber, dass ich nicht schon wieder als ihre Betreuerin tituliert wurde.

»Ich habe hier noch einige alte Kindersachen«, sagte sie und hielt mir eine prall gefüllte weiße Plastiktüte hin. »Die sind noch völlig in Ordnung, aber keiner wollte sie kaufen. Mögt ihr sie vielleicht haben?«, fragte sie selig. Und schwups, schon hatte sie mir die Tüte in die Hand gedrückt und war auf Nimmerwiedersehen verschwunden.

Sichtlich irritiert riskierte ich einen Blick in die Tüte und war mehr als schockiert, als ich sah, dass mir die gute Frau nur zerschlissene und schmutzige Sachen eingepackt hatte. Kein Wunder, dass niemand die hatte kaufen wollen. Selbst geschenkt würde man so etwas seinem Kind nicht anziehen.

Ich sah, wie vom anderen Ende des Platzes Lina und Fatma erwartungsvoll auf mich zugelaufen kamen. Fatma deutete verwundert auf die Tüte, aber ich winkte ab. Auf keinen Fall sollten die beiden sehen, was wir »geschenkt« bekommen hatten.

So unauffällig wie möglich warf ich die Tüte in einen Müllcontainer.

»Was hat die Frau dir da gegeben?«, fragte mich Fatma später.

»Ach, nichts«, versuchte ich abzuwiegeln. »Sie hat mich nur gebeten, ihren Müll mitzunehmen.«

»Warum solltest du denn ihren Müll mitnehmen?«, erkundigte sich Lina mit gerunzelter Stirn.

»Sie war so im Stress«, versuchte ich, mich mehr oder weniger elegant aus der Affäre zu ziehen. »Ist eine Mutter aus der Schule ...«, log ich weiter.

»Wie nett von dir«, stellte Fatma fest, und ich schwieg mit zusammengepressten Lippen.

Es ärgerte mich, dass selbst hier auf dem Prenzlauer Berg die Menschen versuchten, ihren Müll zu entsorgen, indem sie ihn an Geflüchtete weitergaben und sich dabei sogar noch auf die Schulter klopften, weil sie ja ach-so-gute Menschen waren.

Wie konnte man darauf angemessen reagieren? Mein erster Impuls war, sie anzumeckern und ihnen zu sagen, sie könnten sich ihre dreckigen Sachen sonst wohin stecken. Aber würden manche sich dann in ihrem Vorurteil, dass die Geflüchteten viel zu hohe Ansprüche hätten und unser Sozialsystem nur ausnutzen wollten, nicht fälschlicherweise bestätigt fühlen? Streng nach dem Motto: Was gerade eben noch gut genug für uns war – fleckige, verwaschene Bodys –, ist also nicht gut genug für die?

Aber es konnte doch auch keine Lösung sein, dass ich die Kleidung, die sie mir schenkten, so wie vorhin wegwarf, weil es mir peinlich war, sie meinen syrischen Freunden in die Hand zu drücken?

Wie sollte ich also beim nächsten Mal reagieren, wenn sie zum Beispiel einen ramponierten Kinderwagen, der kurz davor war, zusammenzubrechen, für meine schwangere Freundin »spendeten«? Ich war ratlos.

»Kannst du dich noch daran erinnern«, fragte mein Mann, als ich abends im Bett mit ihm über den Vorfall sprach, »wie du dich vor einem Jahr darüber aufgeregt hast, dass ein Obdachloser, der in der U-Bahn um Geld oder Essen gebettelt hat, dein angebissenes Brötchen nicht essen wollte?«

Natürlich konnte ich das. Es war ein ziemlich leckeres Brötchen gewesen. Vom Bio-Bäcker. Mit Parmesan und einer doppelten Lage Serrano-Schinken belegt.

Doch wie kam er jetzt darauf? Das hatte doch nichts mit dem Vorfall von heute Morgen gemein?

»Na ja«, fuhr mein Mann nachdenklich fort, »eigentlich schon. Denn du hast ihm ebenso wie die Frau auf dem Flohmarkt etwas schenken wollen, das schon gebraucht, in deinem Fall angebissen, war.«

»Ja aber, wenn er wirklich Hunger gehabt hätte, dann hätte er das doch genommen und mich nicht angebrüllt«, versuchte ich mich zu verteidigen.

»So wie du heute die Bodys genommen hättest, wenn Lina und ihre Freundin wirklich kein Geld hätten?«

Ich schwieg. Wahrscheinlich war auch ich, bevor ich meine syrischen Freunde kennengelernt hatte, in diesem Punkt wesentlich unsensibler und gedankenlos gewesen.

»Aber ich kann doch trotzdem nicht jeden Schrott annehmen«, gab ich zu bedenken.

»Nein, natürlich nicht«, sagte mein Mann. »Aber auch du solltest nicht immer so vorschnell über andere urteilen.«

Eine Herausforderung, mit der ich mich nur wenige Tage später erneut konfrontiert sah, als wir zum Essen bei meiner Freundin Marlies und ihrem Mann Thomas eingeladen waren. Nebst uns war noch ein weiteres Pärchen, beide Ärzte, am Start.

Nachdem wir die üblichen Höflichkeiten ausgetauscht hatten – wer wo als was arbeitet, welche Schule die beste ist und warum Baugemeinschaften das Letzte sind –, begannen wir, wie so häufig in diesem Sommer, über die aktuelle Flüchtlingspolitik zu diskutieren. Wobei wir uns alle einig waren, dass den Menschen, die hier ankommen, geholfen werden muss.

»Meine Frau Lisa«, erzählte der Arzt, während er einen Schluck von dem teuren Rotwein nahm, »hält ja jede Woche in dem Heim bei uns um die Ecke ehrenamtlich eine medizinische Sprechstunde ab.«

Ich sah, wie mein Mann etwas erwidern wollte, und konnte ihn gerade noch mit einem sachten Tritt gegen das Schienbein, natürlich diskret unter dem Tisch, zum Schweigen bringen. Denn ich hatte keine Lust, nun auch meinerseits über die ehrenamtliche Arbeit zu reden.

»Toll«, sagte also mein Mann, da sein Mund schon Mal offen stand.

Stolz strich der Arzt seiner Frau zärtlich über den Arm.

»Und das trotz des ganzen Stresses, den Lisa hat!«

»Peter, jetzt hör schon auf«, winkte Lisa leicht errötend ab. Man sah ihr an, wie stolz sie auf sich war. »Das mache ich für meine Refugees doch gern.«

Meine Refugees … das hörte sich an, als spräche sie von ihrem neusten Accessoire.

Auch meinem Mann schien diese Formulierung aufzustoßen, denn er sah mich mit seinem »Was soll das denn, bitte schön«-Blick an. Ich zuckte mit den Schultern und nahm noch einen Schluck Rotwein, um nicht in die Verlegenheit zu kommen, darauf antworten zu müssen.

Doch Lisas Mann war gerade erst in Fahrt gekommen.

»Zeig uns mal die Fotos, die ihr von eurem Ausflug auf den Fernsehturm gemacht habt.«

»Ach Peter, lass doch. Das interessiert hier doch wirklich keinen …«, versuchte Lisa, die Aufforderung ihres Mannes halbherzig abzuwiegeln. Doch man sah, wie es ihr in den Fingern juckte, ihr Handy zu zücken und uns stolz »ihre« Flüchtlinge auf Exkursion zu präsentieren.

Ich schwieg. Mein Mann schaute betreten auf seine Hose, als suche er nach einem Fleck, den er wegwischen könnte, um sich nicht weiter an dem Gespräch beteiligen zu müssen.

Marlies indes bat: »Ach zeig doch mal, das würde mich wirklich interessieren.«

Und schon lag Lisas Handy auf dem Tisch, und wir mussten alle ein Foto von ihr und einer arabisch aussehenden Frau und einem Mann vor dem Fernsehturm ansehen.

»Wie hübsch«, sagte Marlies höflich. Ihr Mann nickte.

Meiner nicht. Und auch ich empfand dieses Foto irgendwie als geschmacklos. Vielleicht, weil der Luxus, den wir hier in Westeuropa haben, durch die Diskrepanz zwischen der perfekt gestylten und erholt aussehenden Lisa und den beiden abgekämpft aussehenden Menschen noch deutlicher wurde. Oder weil es den Anschein erweckte, als wolle sie sich mit diesen beiden müde wirkenden Menschen brüsten, so wie mancher es tat, wenn er sich mit einem Prominenten ablichtete und hoffte, dass durch das Selfie ein wenig Ruhm auch auf ihn abfärben würde.

Manchmal hatte ich den Eindruck, als ginge es vielen Helfern bei der ehrenamtlichen Arbeit nicht eigentlich darum, den Menschen wirklich zu helfen, sondern vielmehr darum, sich mit ihrer Arbeit selbst gesellschaftlich aufzuwerten. Und einen weiteren Social Skill im imaginären Lebenslauf auflisten zu können. Denn wer in diesen Zeiten etwas sein wollte, der musste nicht nur Beruf und Familie erfolgreich unter einen Hut bekommen, sondern sich *natürlich* auch noch sozial engagieren.

Taten wir das alles also doch nur wieder, um uns selbst besser und wichtiger zu fühlen?

Währenddessen zeigte Lisa fleißig weiter ihre Fotos, und selbst Marlies schien das Thema langsam leid zu sein.

»Ich fühl mich schon ganz schlecht, dass ich mich nicht auch irgendwie engagiere«, sagte sie zerknirscht.

Ich winkte ab.

»Du hast doch drei Kinder und einen Job, da hast du schon genug zu managen.«

Marlies nickte.

Doch Lisa ließ nicht locker.

»Das macht doch keine Arbeit. Ich sage dir, das ist richtig wohltuend, endlich mal etwas geben zu können ...«

»Jetzt mach doch Marlies kein schlechtes Gewissen«, blaffte ich sie an.

»Aber ich versuche ihr doch nur die Berührungsängste zu nehmen«, verteidigte sich Lisa. Und auch ihr Mann wirkte empört.

»Marlies hat keine Berührungsängste, sondern drei Kinder und einen Beruf als Grafikerin, der sie ziemlich in Anspruch nimmt«, widersprach ich ihr.

»Lisa hat ja Recht«, gab Marlies zerknirscht zu, »ich sollte mich auch engagieren.«

Langsam wurde ich nun richtig wütend. Nicht auf Marlies, sondern auf Menschen wie Lisa, die andere mit ihrer gemeinnützigen Arbeit genauso unter Druck setzten, wie sie es zuvor mit ihrer perfekten Kindererziehung, der tollen Karriere und ihrem makellosen Äußeren getan hatten. Also ging es doch nur um den Status und nicht um die Geflüchteten.

»Und selbst wenn – es ist doch egal«, sagte mein Mann später, als ich mit ihm im Auto auf dem Weg nach Hause darüber sprach. »Hauptsache, sie hilft.«

»Aber es ist doch unglaublich abstoßend zu sehen, wie sich manche Menschen ihrer Hilfe rühmen und das Leid anderer benutzen, um sich selbst gesellschaftlich aufzuwerten«, versuchte ich, ihm meine Bedenken zu erklären.

»Ist mir schon klar«, erwiderte er und stöhnte, weil ihm gerade ein anderer Autofahrer den Parkplatz vor der Nase weggeschnappt hatte. »Aber wenn du ehrlich zu dir selbst bist, machst du es doch auch ein klitzekleines bisschen, um dich besser zu fühlen ...«

»Also, hör mal«, verteidigte ich mich und wies ihn auf einen anderen freien Platz hin, »*ich* rede nicht von meinen syrischen Frauen, als seien sie mein neues iPhone!«

»Ausfahrt!«, grummelte er und fuhr fort: »Nein, das tust du nicht. Aber nur, weil du dich jetzt seit einiger Zeit ehrenamtlich engagierst, heißt das noch lange nicht, dass du die Hüterin des Ehrenamts-Codex bist«, sagte er und bog schwungvoll in eine Parklücke ein.

»Jetzt spiel dich mal nicht so auf, *du* machst ja gar nix«, blaffte ich ihn an.

»Stimmt«, erwiderte er und zog den Zündschlüssel, »aber ich urteile auch nicht über diejenigen, die es machen. Auch wenn es mich heute Abend genauso genervt hat wie dich. Es wird allerdings bestimmt auch irgendjemanden geben, der sich seit über zwanzig Jahren ehrenamtlich engagiert und es befremdlich findet, dass du Mitte-Hipster-Mutti vom Prenzlauer Berg geflüchteten Frauen Yoga beibringst ...«

»Aber das ist doch etwas völlig anderes, Yoga ist gut für den Geist, die Seele, den Körper und überhaupt ...«

»Das weiß ich doch alles«, wiegelte mein Mann ab. »Und ich weiß auch, dass du es wirklich ernst meinst. Aber das heißt nicht, dass es von außen auch so aussieht. Ebenso wenig, wie es für dich heute Abend so aussah, als ob diese junge Ärztin sich wirklich für das Wohl dieser Menschen interessiert.«

Ich grummelte einige verteidigende Worte vor mich hin, musste ihm aber leider wieder Recht geben. Wer war ich, Hipster-Mutti aus dem Hipster-Bezirk mit schicken Designerschuhen und -schal, dass ich mich als Moralapostel aufspielte?

Eigentlich hätte ich mich darüber freuen sollen, dass die Menschen sich engagierten, anstatt zu Hause herumzusitzen und über die Trägheit der Politik zu lamentieren. Und auch wenn es natürlich immer ein paar weniger löbliche Einzelfälle gab, so war es doch insgesamt schön zu sehen, dass hier in Deutschland die Menschen endlich wieder politisch und sozial aktiv wurden.

11

Chaos am »Sozial«: Die gute deutsche Bürokratie ist auch nicht mehr das, was sie mal war …

Nur wenige Wochen später sollte ich sehen, weshalb ehrenamtliche Mitarbeiter unersetzlich waren. Denn nachdem wir im August im Sommerurlaub gewesen waren und Arwa mit ihrer Familie wieder vorbildlich auf unseren kleinen verwöhnten Kater aufgepasst hatte, erzählte sie mir, was für katastrophale Zustände mittlerweile am LAGeSo herrschten.

»Du kannst dir nicht vorstellen, was da geschieht«, sagte sie zu mir, während sie mir in ihrem Heimzimmer einen ihrer berühmt-berüchtigten Kaffees aus Zucker, Milchpulver und Instantmasse mixte, »die stehen dort zu Hunderten an, nur um sich registrieren zu lassen und in eine Notunterkunft weiterziehen zu können.«

»Wie, kann man denn da nicht einfach einen Termin ausmachen und gut ist?«, fragte ich und nahm den Kaffee, den Arwa mir reichte.

Ihr Blick sprach tausend Bände.

»Ja klar, am besten, die Geflüchteten rufen an, sobald sie auf ihrem Boot im Mittelmeer sind und vereinbaren einen Termin. Oder noch besser: schon vor ihrer Flucht, dann kann man hier alles noch besser organisieren.«

»Sorry«, nuschelte ich und nahm einen Schluck, »war eine blöde Idee. Aber wieso müssen die Geflüchteten eigentlich unbedingt dorthin, so ganz verstehe ich das irgendwie nicht ...«

»Also«, sagte Arwa und setzte sich zu mir an den Tisch, »wie du ja sicher weißt, ist hier in Deutschland alles sehr bürokratisch strukturiert.«

Klar, davon konnte jeder, der hier aufgewachsen war, ein Lied singen.

»Natürlich gilt das auch für Menschen, die wie ich in diesem Land Schutz suchen, damit das Asylrecht nicht missbraucht wird und jeder auch nur einmal Sozialleistungen erhält.«

War ja auch gut so, fand ich.

»Das Problem ist nur«, erklärte Arwa mir weiter, »dass mittlerweile so viele Menschen aus Syrien und anderen Krisengebieten nach Deutschland strömen, dass die Öffnungszeiten und Kapazitäten des LAGeSo nicht mehr ausreichen, um sie zu bewältigen.« Sie seufzte und fuhr dann fort: »Was dazu führt, dass die Geflüchteten, um möglichst schnell dranzukommen und weil sie keine Bleibe haben, vor dem LAGeSo campieren.«

»Wie?«, fragte ich irritiert. »Die schlafen vor dem Amt?«

Arwa nickte.

»Weißt du das sicher?«, hakte ich nach.

»Meine Schwester hat es gesehen«, antwortete sie mir. Denn Arwas Schwester war seit einigen Wochen nun endlich auch hier in Berlin.

»Deine Schwester etwa auch?«

»Nein, nein«, wiegelte sie ab, »die kann sich zum Glück ein Hostel leisten. Noch zumindest. Denn irgendwann ist auch ihr Geld aufgebraucht.«

»So ein Mist«, murmelte ich. »Ich hatte gar nicht mitbekommen, was dort abgeht«, fügte ich peinlich berührt hinzu.

Wie konnte so etwas nur in der Hauptstadt eines der reichsten Länder der Welt passieren?

»Das frage ich mich auch«, antwortete Arwa nachdenklich.

Als ich nachmittags wieder zu Hause war, begann ich im Internet zu dem Thema zu recherchieren. Zahlreiche Medien hatten, während ich meine Füße ins warme Meer streckte, über die untragbaren Zustände am LAGeSo berichtet. So las ich, dass mittlerweile ganze Familien, weil ihnen noch keine Notunterkunft zugeteilt worden war, quasi in Zelten vor dem Amt wohnten. Dass viele kleine Kinder und alte Frauen, die ganz besonders unter der Hitze litten, dehydriert waren und vor Erschöpfung auf der Straße fast zusammenbrachen.

Es mussten untragbare und unfassbare Zustände dort herrschen, und ich schämte mich, dass hier in meiner

Heimatstadt, während ich in Italien unter einer Palme gelesen hatte, ganze Familien, die aus Kriegsgebieten geflohen waren, so menschenunwürdig behandelt wurden.

Ich fragte mich wie schon so häufig, seitdem ich mich mehr mit dem Thema Flüchtlingspolitik beschäftigte, weshalb die Kluft zwischen dem, was versprochen, und dem, was getan wird, immer größer wurde.

»Ich glaube, das ist gewollt«, kommentierte ein Freund von mir die Situation am LAGeSo, als ich ihn einen Tag später zum Mittagessen traf.

»Bitte was? Dass Frauen und Kinder in Deutschland hungern und dursten?«, gab ich empört zurück.

»Das nicht direkt«, schränkte er seine Aussage ein. »Aber ich könnte mir vorstellen, dass sie durch die Zustände dort versuchen, weitere Geflüchtete davon abzuhalten, nach Berlin zu kommen.«

Das verstand ich jetzt nicht so recht.

»Na ja«, sagte er nachdenklich, »stell dir doch nur mal vor, du stehst seit Tagen in der Hitze vor dem LAGeSo und wartest darauf, dass dein Antrag bearbeitet wird; da ruft dich ein Freund aus Italien an, der ebenfalls auf dem Weg nach Deutschland ist. Was sagst du dem, wenn er dich fragt, wie es in Berlin so ist?«

»Bescheiden«, antwortete ich.

Er nickte zustimmend.

»Und glaubst du, der kommt dann ebenfalls nach Berlin?«, fragte er mich weiter.

»Ne, natürlich nicht«, gab ich zurück.

»Siehst du«, erwiderte er zufrieden, »das meinte ich. So halten sie Geflüchtete davon ab, hierher nach Berlin zu kommen.«

Aber ... das konnte doch nicht sein. Es müsste doch andere Lösungen geben, um mit dem Flüchtlingsstrom nach Berlin zurechtzukommen: Verteilung auf andere Bundesländer, mehr staatliche Zuschüsse, was wusste ich? Wofür gab es denn Politiker?

Mein Freund schüttelte den Kopf.

»Wenn die EU sich schon nicht einig darüber ist, wie und ob die Geflüchteten auf die Mitgliedsländer verteilt werden, wie sollen das, bitte schön, die Länder hinbekommen?«, fragte er mich.

Wie ich bei meiner nächsten Yogastunde von Arwa und ihren Freundinnen erfuhr, lag er mit seiner These gar nicht so verkehrt. Denn so gut vernetzt, wie sie alle dank des Internets und Mobilfunks waren, rieten sie alle ihren Freunden davon ab, nach Berlin zu kommen ...

Als ich am Abend mit meiner Tochter vor dem Fernseher saß und beim Zappen zufällig bei einer Reportage über das LAGeSo hängen blieb, sah sie mich mit ihren großen blauen Augen an und fragte mich: »Weiß Frau Merkel eigentlich, wie es dort aussieht?«

Auf den Sommer folgte der Herbst, und die Zahl der Geflüchteten, die nach Deutschland strömten, stieg stetig an. Doch an den Zuständen in den Heimen oder am LAGeSo änderte sich nichts.

Im Gegenteil: Es wurde von Tag zu Tag schlimmer. Und da die Politik und die Ämter mit der Lage anscheinend komplett überfordert waren, begannen die Ehrenamtlichen, sich um die Unterbringung und Versorgung der Flüchtlinge zu kümmern. Immer mehr Menschen sammelten Kleidung, Spielsachen oder Nahrung für die Geflüchteten, kochten Suppe oder Tee und brachten sie zum LAGeSo. Indes die Sozialarbeiter und Mitarbeiter der Ämter, gegen die sich häufig die Wut der Helfer und Geflüchteten richtete, selbst unglücklich und überfordert mit der Situation waren.

Ich fragte mich immer wieder, warum man nicht so schnell wie möglich neue Mitarbeiter einstellte oder zumindest eine Dezentralisierung der Registrierung seitens der Stadt in die Wege geleitet wurde. Hatte mein Freund also tatsächlich Recht gehabt? Steckte wirklich Kalkül dahinter? Oder war man einfach nur restlos überfordert?

Und warum rief die Stadt dann nicht den Notstand aus, so wie es im Main-Taunus-Kreis geschehen war? Dann müssten das Technische Hilfswerk und andere Hilfsorganisationen in Aktion treten und könnten vielleicht dem Chaos, das am LAGeSo herrschte, endlich ein Ende setzen.

Doch stattdessen wurde es immer kälter und kälter. Und anstatt zu dursten und zu schwitzen, begannen die Wartenden, sich zu erkälten und zu frieren.

Anfang November, nachdem ich den gefühlten hundertsten Bericht über die Lage am LAGeSo gelesen hatte, hielt ich es nicht mehr aus und beschloss, selbst dorthin zu gehen. Einfach, um mir vor Ort ein Bild von der Situation zu machen und nicht immer nur durch die Medien davon zu hören.

Mit einer Tüte voller Brötchen, einer Suppe und Obst im Gepäck fuhr ich gegen 23 Uhr in die Turmstraße nach Moabit. Dank einer Facebook-Gruppe, die von Helfern gegründet worden war, hatte ich gehört, dass besonders nachts, wenn die Temperaturen in den Keller gingen, warme Getränke, Suppe und Winterkleidung gebraucht würden.

Dort angekommen, sah ich schon von weitem die Menschenschlange, die sich vor dem LAGeSo-Gelände gebildet hatte. Eingepfercht zwischen zwei Metallabsperrungen drängten sich Männer, Frauen mit Kindern und Geflüchtete im Rollstuhl vor dem einzigen Eingang und warteten darauf, dass die Sicherheitsbeamten sie hineinließen.

Verwundert bemerkte ich, dass auf dem Gelände mehrere leere Zelte standen, die ohne Probleme für die Wartenden gereicht hätten, um sie vor dem beginnenden Regen zu schützen. Doch keiner der Sicherheitsbeamten machte Anstalten, die Menschen hineinzulassen. Überhaupt schienen die Einzigen, die sich für das Wohlergehen der Geflüchteten interessierten, die ehrenamtlichen Helfer zu sein, die, mit Essen, Schals, Mützen und Kaffee bepackt, versuchten, die Situation für die Wartenden ein wenig erträglicher zu gestalten.

Ich ging zu einer Frau, die auf einem kleinen Klapptisch Suppe ausschenkte, fragte, ob ich helfen könne –, und innerhalb von zwei Sekunden war ich auch schon hinter der Theke und gab ebenfalls Suppe aus.

Als ich mich bei ihr erkundigte, warum die Geflüchteten nicht in den Zelten warteten, zuckte sie resigniert mit den Schultern.

»Das wissen wir alle selbst nicht«, erwiderte sie. »An manchen Tagen sind die Zelte offen, an manchen zu, an anderen lassen sie die Menschen erst um vier Uhr nachts hinein. Ein System dabei gibt es anscheinend nicht.«

»Aber auf die Toiletten, die dort stehen, dürfen sie schon, oder etwa nicht?«

Wieder zuckte sie die Schultern.

»Manchmal ja, manchmal nein. Die wenigsten wollen jedoch dafür ihren Platz in der Schlange aufgeben.«

»Ja, aber«, fragte ich irritiert, »warum vergeben sie denn nicht Termine, wie das sonst so üblich ist?«

Die Frau lachte laut auf.

»Weißt du, wie viele von denen einen Termin haben? Bis sie drankommen, ist ihr Termin aber schon lange vorbei. Es sind einfach viel zu viele.«

»Schlimm«, murmelte ich und gab einem freundlichen jungen Mann eine Plastikschüssel mit Suppe. Er dankte mir wortlos und schaffte es dabei kaum, mir in die Augen zu sehen. Man sah ihm an, wie unangenehm ihm diese Situation war und wie viel Überwindung es ihn kostete, unsere Hilfe anzunehmen. Was war er wohl vor dem Krieg gewesen? Lehrer, Student? Und nun stand er hier, ohne Bleibe und Arbeit, in einem fremden Land, und sah sich menschenunwürdigen und erniedrigenden Bedingungen ausgesetzt, nur um eine minimale Existenzsicherung zu bekommen.

Überhaupt fiel mir auf, wenn ich mich in der Schlange umsah, dass ein hoher Anteil der Wartenden junge Männer waren. Männer, die sicher nichts sehnlicher wollten, als sich hier in Sicherheit so schnell wie möglich ein neues Leben aufzubauen. Doch statt ihnen dabei zu helfen, wurden sie gleich zu Beginn von der deutschen Bürokratie mürbe gemacht und zum Warten verdammt: auf ihre Registrierung, auf die Bearbeitung ihres Asylantrages, auf eine Wohnung, den Sprachkurs, die Genehmigung zu arbeiten. Und wenn sie dann endlich nach Monaten oder Jahren alles erreicht hatten, was war dann noch von der anfänglichen Motivation übrig? Wahrscheinlich nicht mehr viel.

Stattdessen machte sich Frust bemerkbar und der Eindruck breit, dass sie hier nicht gewollt waren und ganz gleich, wie sehr sie sich engagieren würden, ihnen der soziale Aufstieg verwehrt bliebe.

Stumm schenkten wir weiter Suppe aus, und mein Blick wanderte zu den beiden schwarzen Bussen, die am Straßenrand vor dem LAGeSO parkten. Ab und zu gingen einige Wartende hinein und andere kamen wieder heraus.

»Wofür sind denn die beiden Busse?«, fragte ich meine Mitstreiterin, die gerade dabei war, einen Laib Brot in Stücke zu schneiden.

»Zum Aufwärmen. Aber kaum jemand geht hinein, die haben viel zu viel Angst, ihren Platz in der Schlange zu verlieren«, antwortete sie und drückte einer jungen Frau mit Baby auf dem Arm zwei Stücke Brot in die Hand. »Die haben natürlich keine Lust, sich wieder hinten anstellen zu müssen.«

Da froren sie sich lieber in der Kälte die Zehen ab.

Und wieder fragte ich mich, wie das sein konnte. Warum, verdammt noch mal, ließ sich die Stadt keine andere, besser funktionierende Verfahrensweise einfallen? Wenn man es schaffte, Tausende von Menschen so wie in München innerhalb eines Tages vom Bahnhof aus in Heime zu bringen, dann musste es doch auch in Berlin möglich sein, den Ansturm an Neuankömmlingen zu bewältigen.

Doch wie sich im Verlauf der nächsten Wochen herausstellte, sollte dies der Hauptstadt nicht gelingen. Stattdessen begann sich die Lage am LAGeSo zuzuspitzen. Und auch wenn immer mehr Berichte darüber in Zeitungen erschienen und das Fernsehen immer wieder berichtete – wenn ich mit den Menschen sprach, die sich vor Ort engagierten, erzählten sie mir, dass sich rein gar nichts geändert habe.

»Wenn das Fernsehen da ist, dann lassen sie die Leute an dem Abend sofort rein«, berichtete mir ein Helfer, der schon seit Sommer dabei war, »aber am nächsten Tag müssen sie dann wieder in der eisigen Kälte warten.«

»Und die Anwohner beschweren sich, weil die Geflüchteten ihren Müll herumliegen ließen oder im Stehen an die

Wand pinkelten, weil sie ihren Platz in der Schlange nicht aufgeben wollten«, berichtete mir eine Frau.

Und wenn. Wer konnte den Geflüchteten das in ihrer Situation schon verübeln?

12

Angekommen: Endlich in den eigenen vier Wänden

Zur selben Zeit, in der sich die Lage am LAGeSo zuspitzte, geschah ein kleines Wunder: Arwa und ihre Familie fanden endlich eine bezahlbare Wohnung. Und das sogar bei mir in der Nähe.

»Wir brauchen jetzt nur noch die Bescheinigung des Jobcenters, dass sie die Miete übernehmen«, verkündete Arwa mir bei der nächsten Yogastunde strahlend.

Doch natürlich war das wieder einmal nicht so einfach wie gedacht. Und nur eine Woche später stand Arwa mit Tränen in den Augen vor mir: »Sie geben uns die Bescheinigung nicht«, erzählte sie mir, kurz davor zusammenzubrechen.

»Bitte was?« Ich konnte es nicht glauben. Was fehlte denn jetzt schon wieder für ein Papier?

»Ja, aber, die Wohnung ist doch genau in eurer Preisklasse, das verstehe ich nicht so ganz …« Ich war verwirrt.

»Ich weiß es doch auch nicht«, sagte Arwa und sah mich mit ihren großen braunen Augen traurig an. »Sie haben mir irgendetwas vom ›Sozial‹ und Samer erzählt, ich habe es aber nicht so ganz verstanden …«

Was wiederum hieß: Ich musste sie wohl oder übel zu ihrem nächsten Termin begleiten. Denn wenn wir nicht schleunigst die Bestätigung der Kostenübernahme bekamen, würde sich wohl auch die Chance auf diese Wohnung wieder in Luft auflösen.

Nur wenige Tage später saß ich mit Arwa beim Jobcenter. Wie sich herausstellte, war es nicht so, dass sie Arwa die Bescheinigung nicht geben wollten, sondern dass sie die Kostenübernahme nur für Arwa, Arees und Hani, nicht aber für Samer garantieren konnten.

»Dadurch, dass Herr Balbicy erst später gekommen ist«, erklärte mir Arwas zuständige Betreuerin, »und es sich bei ihm noch um keinen anerkannten Flüchtling handelt, sind nicht wir, sondern das LAGeSo für ihn zuständig …«

»Aber«, fuhr ich dazwischen, »Herr Balbicy wird doch auch in jedem Fall anerkannt werden, jetzt, wo seine Familie hier ist.«

Die Betreuerin nickte.

»Ja, aber bis es so weit ist, ist eben nicht das Jobcenter, sondern das LAGeSo zuständig.«

»Die haben uns aber gesagt«, warf Arwa ein, »dass Samer in den nächsten Wochen bereits anerkannt wird.«

Ha! Arwa verstand eben doch schon mehr Deutsch, als sie zugab. Hatte ich es mir doch gedacht.

»Das ist natürlich sehr erfreulich«, erwiderte die Beamtin, »aber das ändert nichts. Die Vorschriften sehen es nun mal so vor.« Sie zuckte mit den Schultern. »Ich kann da leider auch nichts machen.«

Ich stöhnte genervt auf.

»Heißt das im Umkehrschluss, dass Arwa und Samer, sobald Samer anerkannt ist, wieder zu ihnen kommen müssen, um sich von ihnen eine Kostenübernahme ausstellen zu lassen?«

Die Mitarbeiterin zögerte.

»Ja«, sagte sie dann, »oder, falls sie bis dahin die Wohnung schon bezogen haben, von dem neuen Jobcenter. Denn wenn sie in einen anderen Bezirk ziehen, ist auch ein anderes Jobcenter für sie zuständig.«

Stille.

Arwa schaute mich fragend an, und ich dachte angestrengt nach.

»Heißt das etwa auch«, fragte ich entmutigt, »dass wir für Arwa und ihre Kinder einen neuen Hartz-IV-Antrag stellen müssen?«

Die Mitarbeiterin nickte, und ich schüttelte ungläubig den Kopf. Diesen Unsinn an Bürokratie sollte einer verstehen.

»Wissen Sie eigentlich, wie es momentan am LAGeSo aussieht?«, fragte ich die Mitarbeiterin.

Die nickte wieder, diesmal unangenehm berührt.

»Und ist Ihnen bekannt, wie hoch die Wahrscheinlichkeit ist, dass die Wohnung überhaupt noch da ist, wenn wir die Bescheinigung der Kostenübernahme endlich bekommen?«

Ein erneutes Nicken.

Dann räusperte sie sich.

»Es tut mir wirklich leid«, sagte sie mit freundlicher Stimme, »aber mir sind die Hände gebunden. Ich kann auch nur den Weg gehen, der vorgeschrieben ist. Aber ich schlage Ihnen vor«, fuhr sie fort, während sie bereits etwas in den Computer tippte, »dass Sie mit unserer Bestätigung zum Vermieter gehen. Wenn er sieht, dass wir bereits drei Viertel der Miete übernehmen, ist er vielleicht bereit, den Vertrag schon zu unterzeichnen.«

Das taten wir. Und zum Glück erklärte sich die Wohnungsgenossenschaft dazu bereit, auf die Bestätigung des LAGeSo zu warten und die Wohnung so lange freizuhalten.

Mitte November war es dann endlich so weit: Arwa und ihre Familie konnten in ihre neue Wohnung in Mitte ziehen. Vier Zimmer, Küche, Bad und ein Balkon. Besser hätten sie es nicht treffen können.

Natürlich waren alle, nach Monaten, die sie auf der Flucht und im Heim verbracht hatten, mehr als aufgeregt. Und Arees schien nichts anderes mehr zu machen, als den ganzen Tag im Internet zu surfen und Accessoires für ihr Zimmer zu bestellen. Natürlich gab es auch diesbezüglich zwischen ihr und ihrer Mutter den einen oder anderen Konflikt.

»Meine Mutter versteht nicht, warum ich eine Wand in meinem Zimmer schwarz streichen will«, beklagte sich Arees bei mir. »Kannst du nicht einmal mit ihr sprechen?«

Natürlich konnte ich ihr den Wunsch nicht abschlagen ...

»Nein«, sagte Arwa, als ich sie bei der nächsten Yogastunde darauf ansprach, »auf keinen Fall.«

Diese Reaktion kannte ich ja schon. Und auch ihre spätere Nachgiebigkeit.

»Aber Arwa, es ist doch nur eine Wand!«, warf ich ein.

»Aber eine schwarze!«, gab sie mürrisch zurück. »Es reicht schon, dass sie sich nur noch schwarz anzieht und sonderbare Symbole an die Wand malt.«

»Sie ist halt ein Emo, das ist völlig normal«, versuchte ich ihr die Sorge wegen des Verhaltens ihrer Tochter zu nehmen.

»Pah! Emu, Arees ist doch kein Tier!«

»E-M-O!«, korrigierte ich sie. »Emotional Hardcore. Das ist kein Tier, sondern eine Jugendkultur, die sich für ganz besonders sensibel und deprimiert hält ...«

»Das wird ja immer schöner!«, meinte Arwa trotzig. »Deprimiert! Und dann soll ich Arees ihr Zimmer ausgerechnet schwarz streichen lassen.«

Genervt verdrehte ich die Augen. Das alles erinnerte mich doch sehr an die Diskussionen, die ich mit meiner Mutter in meiner Grufti-Phase geführt hatte, in der sie mich am liebsten täglich zum Psychologen geschickt hätte.

»Arwa, erstens will sie nur *eine* Wand schwarz streichen, und zweitens gehört dieses schwarze Ding einfach zu ihrem Style. Wir haben doch auch eine Wand dunkel-lila gestrichen …«

»Aber nicht schwarz!«

»Ich bitte dich, das vergeht doch wieder. In zwei Monaten streicht sie ihr komplettes Zimmer in Regenbogenfarben.«

»Meinst du?« Arwas Widerstand schien langsam zu bröckeln.

»Vielleicht auch grün. Was weiß ich?«

Ich nahm sie in den Arm.

»Es geht vorbei«, versicherte ich ihr, »sobald sie die Pubertät hinter sich hat.«

»Du wirst noch sehen, wie das ist«, murmelte sie.

Ja, das befürchtete ich.

Nachdem wir das Farbproblem gelöst hatten, kamen wir zu den eigentlich wichtigen Dingen, wie zum Beispiel der Frage, woher wir die ganzen Möbel für die Wohnung bekommen sollten. Denn das Geld, das die Familie vom Amt bekam, reichte natürlich nicht für alles Notwendige.

Kurzentschlossen startete ich einen Aufruf via Facebook, denn wie ich von mir selbst wusste, hatten auch viele meiner Freunde im Keller noch Möbel, die völlig in Ordnung waren, die sie aber aufgrund von Neuanschaffungen beziehungsweise der Zusammenlegung zweier Haushalte einfach nicht mehr brauchten. Und so spekulierte ich darauf, dass wir dadurch einiges Nützliche würden auftreiben können.

Ich täuschte mich nicht. Ganz im Gegenteil. Viele waren sogar bereit, meinen syrischen Freunden nigelnagelneue Sachen für ihre Wohnung zu schenken.

Innerhalb kürzester Zeit hatte ich ein Bett, einen Tisch, Kochtöpfe, Besteck und ein komplettes Geschirrservice für die Familie organisiert.

Doch natürlich machte ich auch einige negative Erfahrungen, was das Thema Möbel anging. Denn ebenso wie damals auf dem Flohmarkt versuchten einige Leute, ihren alten Schrott bei uns abzuladen und sich dadurch den nervigen Gang zum Recyclinghof zu sparen. Und mitunter fragte ich mich, wie es diese Leute schafften, von gut erhaltenen Möbeln zu sprechen, ohne dabei sofort rot zu werden.

Auch in meinem yogischen Bekanntenkreis gab es den einen oder anderen, der sich alles andere als rühmlich verhielt, was mir mal wieder zeigte, wie groß die Diskrepanz zwischen Worten und Taten doch war. Leider auch in der Yogaszene.

So wie bei einer jungen Frau, mit der ich lange zusammen im selben Yogastudio trainiert hatte und die just zu diesem Zeitpunkt auf Facebook eine gut erhaltene Couch einstellte, die sie so schnell wie möglich verkaufen wollte, um Platz für eine neue zu schaffen. Da ich von einer sicheren Quelle wusste, dass die betreffende Frau alles andere als arm ist, schrieb ich ihr spontan eine E-Mail und fragte sie, ob sie sich vorstellen könne, die Couch meinen syrischen Freunden für einen geringen Betrag zu überlassen.

Wenn ich ganz ehrlich war, rechnete ich damit, dass sie mir schreiben würde: Natürlich bräuchten meine Freunde, die sich ja augenscheinlich in einer Notsituation befänden, nichts für ihre Couch zu bezahlen.

Doch leider war dem nicht so. Und es stellte sich heraus, dass meine Bekannte trotz Yogalehrer-Ausbildung und nach außen getragenem Engagement für Geflüchtete, sobald es an das eigene Portemonnaie ging, viel weniger sozial eingestellt war als meine Heavy-Metal hörenden Atheisten-Freunde. Denn selbst von Menschen, die aus einem Kriegsgebiet geflohen waren und nichts mehr hatten außer dem, was sie im Rucksack mitnehmen konnten, wollte sie nicht wenig Geld für ihre alte Couch haben.

Doch so schnell gab ich nicht auf. Und nachdem ich den ersten Schock überwunden hatte, schrieb ich ihr klipp und klar, dass es mittellose Geflüchtete seien! Dennoch kam sie nicht auf die Idee, ihnen die Couch zu schenken. Ganz im Gegenteil: Sie entschied sich dafür, das gute Stück an eine Freundin weiterzugeben, was natürlich auch ihr gutes Recht war.

Doch wenn sie es wirklich ernst mit dem yogischen Vehaltenscodex und dem Thema Nächstenliebe gemeint hätte – wäre es dann nicht ratsam gewesen, uns die Couch zu überlassen? Vielleicht war ich in diesem Punkt auch zu fordernd. Vielleicht zu sehr persönlich involviert. Irgendwie stieß es mir allerdings komisch auf, dass sie sich so verhalten hatte …

Arwa erzählte ich nichts davon. Sie war so oder so völlig baff, dass ihr so viele wildfremde Menschen einfach ihre Möbel schenkten.

»Warum tun die Menschen das?«, fragte sie mich immer wieder. »Sie kennen uns doch gar nicht.«

»Aber sie wissen, in was für einer Situation ihr steckt«, antwortete ich.

»Als ich in Syrien war, wollte ich überall in Europa hin, nur nicht nach Deutschland. Und nun ist es gerade dieses Land, das uns besonders herzlich empfängt«, sagte sie nachdenklich. »Ich würde auch gern etwas zurückgeben«, fügte sie nach einer kurzen Pause hinzu und sah mich dabei durchdringend an.

Ich nahm sie in den Arm und drückte sie fest an mich.

»Das wirst du«, flüsterte ich leise. »Aber jetzt«, sagte ich energisch, »ziehen wir erst einmal um!«

Was das Thema Umzüge angeht, bin ich ein echter Profi, denn zwischen meinem einundzwanzigsten und dreißigsten Lebensjahr bin ich sage und schreibe zehnmal umgezogen. Und das nicht nur innerhalb einer Stadt oder eines Landes. Die Umzüge meiner Freunde und Verwandten, bei denen ich geholfen habe, nicht mitgezählt. Ich bin mir also dessen bewusst, dass ein Umzug nicht nur ein organisatorischer, sondern auch ein bürokratischer Albtraum ist. Zumindest, wenn man hier in Deutschland lebt. Denn wie wir alle wissen, muss man sich nicht nur ummelden, die Adresse im Ausweis ändern lassen und so weiter und so fort, sondern auch jede Menge nervige Dinge wie die Anmeldung von Gas- und Telefonanschluss angehen. Weshalb ich der Einfachheit halber viele Ummeldungen für Arwa und ihre Familie übernahm. Und mich dadurch in manchen Momenten wie eine Mutter fühlte, die ihren Kindern dabei hilft, auf eigenen Beinen zu stehen, und die etwas komplizierteren Dinge im Endeffekt dann doch wieder für sie erledigt, weil es sonst nur noch länger dauern würde ...

»Du darfst ihnen aber nicht immer alles abnehmen«, ermahnte mich mein Mann, als er sah, dass ich schon wieder einen Antrag für Arwa ausfüllte. »Sonst lernen sie es nie.«

»Ich weiß«, gab ich seufzend zurück.

Mein Mann nickte aufmunternd.

»Aber das schaff ich einfach nicht.«

»Dann sind sie aber auch ewig von dir abhängig«, gab er zu bedenken.

Jetzt nickte ich.

Das war ein Thema, über das ich bereits vor längerem mit einer der Sozialarbeiterinnen im Heim gesprochen hatte.

»Wenn man den Geflüchteten alles abnimmt, suggeriert man ihnen gleichzeitig, dass sie es nicht selbst können«, hatte die mir erklärt, als sie mich – wie mein Mann – dabei erwischte, wie ich für Arwa einen Antrag des Jobcenters bearbeitete.

»Aber ich verstehe die Anträge doch oftmals selbst nicht, wie soll Arwa sie da verstehen?«

»Dann musst du entweder mit ihnen zum Amt gehen und es euch beiden erklären lassen oder sie versuchen einfach selbst, sich da durchzuwurschteln.«

»Aber die sind doch mit allem komplett überfordert und froh, wenn sie mal durchatmen können«, warf ich ein.

»Du tust ihnen aber keinen Gefallen damit. Sie müssen lernen, sich selbst durch den Papierwust zu arbeiten oder es zumindest versuchen. Wenn sie aber merken, dass du bereit bist, das immer wieder zu übernehmen, haben sie gar keinen Ehrgeiz, es selbst zu lernen. Abgesehen davon, dass du uns damit auch keinen Gefallen tust ...«, fuhr sie fort, »... weil wir es schlicht und ergreifend gar nicht schaffen, den Geflüchteten jeden Schritt abzunehmen. Sie aber, wenn die Ehrenamtlichen es tun, davon ausgehen, dass wir es ebenfalls machen.«

Wieder so etwas, worüber ich einfach nicht nachgedacht hatte.

Natürlich musste ich meinem Mann und der Sozialarbeiterin in der Sache Recht gegeben. Aber ich hatte manchmal eben weder die Zeit noch die Nerven, um Arwa in Ruhe zu erklären, wie dieser oder jener Antrag auszufüllen ist. Auch wenn ich natürlich wusste, dass es eigentlich der richtige Weg wäre. Denn wenn ich mir einmal die Zeit nehmen würde, um ihr das System zu erklären, könnte sie ihre Angelegenheiten vielleicht fortan nicht nur selbst regeln, sondern würde sich wahrscheinlich auch weniger verloren fühlen.

Also nahm ich mir vor, es nach dem Umzug mit der Förderung der Selbstständigkeit wieder ernster zu nehmen. Doch nun mussten wir erst einmal umziehen.

Zum Glück stand ich als Umzugshelferin nicht allein da. Denn Arwa und ihre Familie hatten auch noch zahlreiche weitere deutsche Freunde, die uns tatkräftig unterstützten. Und so ging es am 13. November endlich in die eigene Wohnung.

Als ich morgens gegen zehn Uhr ankam, waren alle schon dabei, Kartons in die Wohnung zu schleppen. Ich sah schon von weitem, wie Arwa nervös vor dem Eingang stand und Samer, Hani und die anderen Helfer wild herumdirigierte. Als sie mich sah, entspannte sich ihr Gesicht für einen kurzen Augenblick. Die Freude war ihr anzusehen. Und nachdem ich mein Fahrrad abgeschlossen und Arwa zur Begrüßung in den Arm genommen hatte, führte sie mich sichtlich stolz durch ihr neues Heim.

Das einzige bereits komplett eingerichtete Zimmer war – wie konnte es anders sein – natürlich das von Arees. Sie hatte sich in den letzten Wochen aber auch um nichts anderes als um das Design ihres kleinen Reichs gekümmert. Wie gut konnte ich das verstehen! Nach Monaten, in denen sie sich ihr Zimmer mit ihrem Bruder und ihren Eltern hatte teilen müssen, war sie nun sicherlich mehr als glücklich darüber, die Tür hinter sich zuziehen und allein sein zu können.

Wie ich sah, hatte sie sich schlussendlich doch durchgesetzt – und eine Wand schwarz gestrichen. Der Rest des

Zimmers war sehr schlicht eingerichtet, mit einem weißen Bett und einer weißen Kommode. An der Wand hing das Poster einer Frau, die wie eine Nonne gekleidet war und ihren schwarz lackierten Mittelfinger stolz ins Bild hielt. Arwa stöhnte theatralisch auf und rollte mit den Augen, als ich lachend darauf zeigte.

»Alles in Schwarz und Weiß«, murrte sie, während ich eine Schneekugel auf der Kommode bewunderte, in der ein Grabstein und zwei Totenköpfe zu sehen waren, »das ist so was von deprimierend. Und dann noch dieses Poster, das ist doch nicht normal.«

»Ach, Arwa«, sagte ich und stellte die Schneekugel, nachdem ich sie ordentlich geschüttelt hatte, zurück an ihren Platz, »sie ist eben ein Teenager. Völlig normal!«

Ungläubig schüttelte sie den Kopf und zeigte mir den Rest der Wohnung, die wirklich sehr geräumig war. Sie konnten sich wirklich mehr als glücklich schätzen, dass sie die Wohnung bekommen hatten. Und dass sie so viele deutsche Freunde besaßen, die ihnen dabei halfen, sie einzurichten.

Am Ende der Führung setzten wir uns auf Arwas neues Sofa. Eine Familie aus meinem Haus war im Gegensatz zu meiner Yoga-Bekannten so nett gewesen, Arwa und ihrer Familie eine alte sehr gut erhaltene Couch zu schenken. Mein Glauben an die Menschheit war dadurch wieder ein klein wenig gewachsen, auch wenn ich immer noch ziemlich erschüttert darüber war, dass meine Yogafreunde doch nicht so gute Menschen waren, wie sie immer vorgaben. Aber dafür gab es wieder andere, die fleißig halfen.

»Und«, fragte ich Arwa, »wie fühlst du dich?«

»Glücklich«, antwortete sie, »das erste Mal nach einer langen, langen Zeit.«

Mit ihren großen braunen Augen sah sie mich glücklich an.

»Jetzt können wir endlich wieder anfangen zu leben.«

In den folgenden Wochen konnte man förmlich sehen, wie Arwa, Arees, Samer und Hani dank ihrer eigenen vier Wände aufblühten. Sie waren ständig unterwegs, um etwas für ihre neue Wohnung zu besorgen, und ließen es sich natürlich auch nicht nehmen, alle Freunde, die ihnen geholfen hatten, zum Essen einzuladen. Es wurde ein großes und ausgelassenes Fest, mit jeder Menge köstlichem Essen, und man konnte der Familie ansehen, wie froh alle darüber waren, uns endlich etwas zurückgeben zu können.

»Weißt du«, sagte Arwa, als wir zusammen auf ihrem Balkon standen und eine Zigarette rauchten, »es fällt uns alles andere als leicht, so viel Hilfe anzunehmen.«

»Aber wir sind doch Freunde«, versuchte ich, sie zu beruhigen, »da macht man das. Und du siehst doch«, ergänzte ich und zeigte zu den anderen ins Wohnzimmer, »wie gern euch alle haben.«

»Schon«, sagte sie nachdenklich, »aber ich habe die ganze Zeit das Gefühl, in eurer Schuld zu stehen …«

»Arwa«, erwiderte ich, »du würdest doch das Gleiche tun, wenn du in meiner Situation wärst.«

Arwa lächelte. Dann sagte sie: »Wahrscheinlich hast du Recht. Aber wie würdest du dich fühlen, wenn du von einem Tag auf den anderen auf die Hilfe von wildfremden Menschen angewiesen wärst? Ich wette, dir würde das auch nicht gefallen.«

Nein, definitiv nicht. Mir als einer Frau, der es sehr wichtig war, auf eigenen Beinen zu stehen, würde es mehr als schwerfallen, von anderen abhängig zu sein. Selbstständigkeit fördern, hörte ich da auch schon die Stimme der Sozialarbeiterin in meinem Kopf rufen ...

»Aber hier in Deutschland wird so etwas wie in Syrien sowieso nicht passieren!«, warf ich ein.

»Das dachten wir auch«, erwiderte Arwa und sah mich durchdringend an. »Und jetzt? Schau, wie es in unserer Heimat aussieht. Niemand ist mehr sicher. Zigtausende sind geflohen. Nur die Alten und Armen, die sich eine Flucht nicht leisten können, sind noch in Syrien. Und es ist kein Ende des Krieges abzusehen.« Sie blickte ins Leere. »Ich glaube nicht, dass ich jemals wieder nach Syrien zurückkehren werde.«

Eine komische Vorstellung, seine Heimat nie wiederzusehen.

Nach einer Pause fragte ich sie, ob eigentlich noch viele ihrer Freunde in Syrien seien.

Arwa schüttelte den Kopf.

»Nein. Die jungen Männer fliehen, um nicht zum Militär eingezogen zu werden, und die Frauen, um sich und ihre Kinder in Sicherheit zu bringen. Und denjenigen, die ausharren, kann es passieren, dass sie entweder von Assads Truppen oder von den Rebellen ausgehungert werden.«

»Schlimm«, sagte ich bestürzt, »die setzen das Leben von Zivilisten für ihre Kriegsziele ein?«

Arwa blickte mich traurig an.

»Schau dir doch nur an, was der IS mit den Jesiden im Shingal-Gebirge gemacht hat. Sie haben sie vor den Augen der Öffentlichkeit verhungern und verdursten lassen. Das Gleiche machen sie mit der syrischen Bevölkerung, die aus lauter Verzweiflung Gras und Blätter isst, um nicht zu verhungern.«

Bei dem Gedanken daran wurde mir ganz schlecht, und ich konnte Arwa kaum noch in die Augen sehen.

»Und nicht nur das: Tausende Frauen und kleine Mädchen sind vom IS verschleppt und als Sex-Sklavinnen an Kämpfer verschenkt oder wie Tiere auf dem Markt verkauft worden.«

Das alles klang so unglaublich, nach Methoden aus dem Mittelalter. Aber nicht nach dem 21. Jahrhundert.

»Wen sie für ungläubig halten, der ist in ihren Augen nichts wert«, fuhr Arwa fort, »und dazu zählen sie nicht nur Jesiden, Drusen, aufgeschlossene und modern lebende Moslems, sondern auch Christen.«

Christen ... ich hatte noch gar nicht darüber nachgedacht, dass auch meine Religionsgemeinschaft von dieser Verfolgung betroffen war. Und es war schon eine sehr absurde Vorstellung, dass der Vermerk römisch-katholisch in meinem Pass für manche Menschen Grund genug war, um mich umbringen zu wollen.

»Der IS bedroht eben nicht nur mein Land, dessen Bevölkerung und die dort lebenden religiösen Minderheiten, sondern die ganze Welt«, stellte Arwa traurig fest.

Wie Recht sie damit hatte, sollte ich bereits am selben Abend erfahren. Denn als ich um 23.20 Uhr im Bad stand und wie immer, kurz bevor ich zu Bett ging, das Radio anstellte, hörte ich, dass es mehrere terroristische Anschläge in Paris gegeben hatte.

Ich war wie betäubt.

Die Nachrichten überschlugen sich. Es wurde von immer mehr Toten und von immer mehr Selbstmordattentätern gesprochen.

Sicher, wir alle hatten damit gerechnet, dass es in Europa zu Anschlägen kommen würde. Erst recht nach dem, was gerade in Frankreich im Januar 2015 in der Redaktion von *Charlie Hebdo* geschehen war. Doch hatte wohl kaum einer mit dieser Form von Brutalität und diesem Ausmaß gerechnet. Und dass es ausgerechnet wieder in Paris geschehen musste, in jener Stadt, die mir durch Studium, Verwandte und Freunde zu einer zweiten Heimat geworden war, traf mich persönlich ganz besonders.

Vor ein paar Minuten war mir alles noch so gut erschienen, und ich war so froh darüber gewesen, dass Arwa und ihre Familie nun endlich eine eigene Wohnung bezogen. Und jetzt das. Ein Ereignis, durch das Menschen wie die Verwalterin, die Arwa und ihrer Familie keine Wohnung geben wollte, sich in ihren Vorurteilen und Befürchtungen bestärkt sehen würden. Ja, natürlich konnte es geschehen, dass ein Geflüchteter, der hier in Deutschland Asyl beantragte, IS-Anhänger war. Aber war es naiv, wenn man glaubte, dass nur eine offene und tolerante Gesellschaft ihn dazu bringen könnte, diesem Wahnsinn abzuschwören?

Ich wollte und konnte nicht anders, als an diesem Glauben festzuhalten.

Wieder hellwach setzte ich mich an den Rechner und surfte nach weiteren Informationen über das Attentat in Paris. Von Minute zu Minute stieg die Zahl der Toten. Aber was noch viel erschreckender war – ich kannte Menschen, die sich gerade in Paris aufhielten. Und auch welche, die sogar überlegt hatten, an diesem Abend zum Konzert der *Eagles of Death Metal* im Bataclan zu gehen. Die Anschläge kamen immer näher, und es war nur eine Frage der Zeit, bis der Terror vielleicht auch einen meiner Freunde oder Verwandten treffen würde.

Ein Schauer lief mir bei dem Gedanken daran über den Rücken. Das allererste Mal in meinem Leben hatte ich das Gefühl, auch in Deutschland nicht mehr wirklich sicher zu sein. Doch genau das wollen die Terroristen. Und genau das dürfen wir nicht zulassen.

Beunruhigt schaute ich auf den Facebook-Seiten meiner französischen Freunde vorbei, um zu erfahren, was sie machten und wo sie waren. Zum Glück gaben alle ihren Status mit »in Sicherheit« an.

Ich schaltete den Fernseher ein und sah auf allen Kanälen Bilder der Attentate. Menschen, die verstört durch die Straßen von Paris irrten, Menschen, die am Kopf, an den Armen, an den Beinen bluteten, weinten und schrien. Und das alles vor der Kulisse der Stadt der Liebe und Lebensfreude. Makaberer hätte es nicht sein können.

Es dauerte in dieser Nacht lange, bis ich einschlafen konnte. Immer wieder schossen mir die Bilder, die ich im Fernsehen gesehen hatte, in den Kopf. Immer wieder dachte ich daran, dass es durchaus im Rahmen der Möglichkeiten gewesen wäre, dass ich an diesem Abend mein Leben verloren hätte.

Am nächsten Tag um zehn Uhr morgens klingelten Samer und Hani an der Tür. Sie wollten von unseren Nachbarn noch einen Tisch abholen. Beide wirkten müde. Man sah ihnen an, dass der Umzug anstrengend war. Doch da schien noch mehr zu sein. Ein Flackern in den Augen und die Frage: Welche Folgen werden diese Anschläge für uns haben?

Ich hatte noch keine Kraft, mit ihnen darüber zu sprechen. Ich fühlte mich zu müde und zu aufgewühlt dafür. Aber als ich Arwa einige Tage später bei unserer wöchentlichen Yogastunde sah, redeten wir natürlich über die Ereignisse in Paris.

»Bettina«, sagte sie betroffen, als wir gerade dabei waren, uns Matten für die Yogastunde aus dem Schrank zu holen, »glaubst du, die Menschen werden uns gegenüber jetzt misstrauischer sein?«

»Das weiß ich leider nicht«, sagte ich, »aber wenn sie klug sind, dann nicht …«

»Wir sind doch keine Unterstützer der Terroristen!«, brach es verzweifelt aus ihr heraus, »ganz im Gegenteil.

Auch wir sind vor ihnen aus Syrien geflohen. Und jetzt sind sie hier und machen nicht nur euch, sondern auch uns das Leben zur Hölle.«

Ich nickte stumm.

Mir war das klar. Aber sahen das auch andere so, die schärfere Kontrollen an den Grenzen verlangten, um zu verhindern, dass potentielle Terroristen in unser Land einreisten? Wahrscheinlich nicht.

»Ich halte strengere Grenzkontrollen für keine schlechte Idee«, meinte Arwa.

Ich war baff.

»Aber genau das wollen die Terroristen doch mit ihren Anschlägen erreichen«, versuchte ich, ihr zu erklären, »die wollen doch, dass wir aus Angst vor weiteren Attentaten unser Leben einschränken und alle gesellschaftlichen Bereiche stärker kontrollieren.«

»Ja und?«, fragte Arwa, »was ist daran so schlimm? Wenn es dadurch hier sicherer wird ...«

»Was daran so schlimm ist?«, erwiderte ich entgeistert. »Dass wir uns dann bald nicht mehr frei und unbeobachtet in unserem Land bewegen können, weil es an jeder Ecke Videokameras geben wird, die uns auf Schritt und Tritt kontrollieren.«

»Aber Sicherheit ist wichtig«, warf Arwa zögerlich ein.

Meine syrische Freundin hörte sich an wie eine CSU-Wählerin. Doch warum wunderte mich das? Solche Anschläge erschwerten Arwa und ihrer Familie natürlich, hier in Deutschland Fuß zu fassen. Trotzdem war es interessant zu sehen, dass sie ausgerechnet mit jenen Menschen politisch einer Meinung war, die sich für eine Begrenzung der Zuwanderung aussprachen.

War ihr das eigentlich bewusst?

»Nein«, antwortete sie, »aber ich kann verstehen, dass viele Deutsche das fordern.«

Bitte was? Hatte ich das gerade eben richtig gehört? Aber sie und ihre Familie waren doch hierhergekommen, um sich vor den Kriegshandlungen in Sicherheit zu bringen. Das konnte man dann doch anderen Menschen nicht verwehren!

»Das sage ich ja auch gar nicht«, versuchte Arwa, mich zu besänftigen, »aber ich kann verstehen, dass die Deutschen Angst davor haben, dass die Zahl der Flüchtlinge ihre Kapazität überschreitet.«

War es naiv von mir zu glauben, dass wir all den Menschen, die zu uns kamen, helfen konnten? Und was, wenn eine Obergrenze eingeführt würde? Sagten wir dann bei »Flüchtling 10.001« stopp und erklärten ihm, selbst wenn er eine klaffende Wunde am Kopf hätte: »Sorry, aber leider musst du dahin zurück, wo du herkommst. Für heute ist das Flüchtlingskontingent ausgeschöpft!«?

Und vor allem: War das mit unserem Grundgesetz überhaupt vereinbar? Und wie könnte eine Alternative dazu aussehen? Eine Aufteilung auf die EU? Das schien schon jetzt nicht zu funktionieren, da viele Geflüchtete sich in den Ankunftsländern wie Griechenland oder Italien nicht melden wollten aus Angst, dort nach ihrer Registrierung, so wie es die Dublin-III-Verordnung vorsieht, festzusitzen.

Ein Teufelskreis. Und natürlich war die Gefahr groß, dass die weitverbreitete Hilfsbereitschaft und Freundlichkeit gegenüber Flüchtlingen ins Gegenteil kippte, wenn man nicht alsbald eine Lösung finden würde. Erste Anzeichen davon konnte ich schon in meinem Umfeld beobachten.

So hatte eine Bekannte mir gegenüber erst kürzlich die Bemerkung gemacht, dass es doch seltsam sei, dass die Flüchtlinge alle ein teures Smartphone hätten.

»Und dann sagen sie immer, sie hätten kein Geld«, fuhr sie fort.

»Ja, aber«, versuchte ich es ihr zu erklären, »das ist doch die einzige Möglichkeit, um mit ihren Verwandten Kontakt zu halten.«

Skeptisch schaute sie mich an. Und selbst mein Einwand, dass ich die Bedeutung der Smartphones zunächst selbst unterschätzt und sie als reinen Störfaktor während meiner Yogastunden gesehen hätte, schien sie nicht zu überzeugen.

Eine andere Freundin indes berichtete mir, wie sie auf Heimatbesuch in Bayern mit ihrer Oma über die Situation der Geflüchteten gesprochen und diese immer wieder betont habe, dass die mit vollen Tüten hier ankommen würden, während sie sich mit ihrer kleinen Rente alles vom Mund absparen müsse.

Dass in diesen Tüten der letzte Rest ihres alten Lebens war, das sah sie natürlich nicht.

Arwas Befürchtung, dass die Stimmung kippen könne, war also durchaus nicht unberechtigt.

»Ach, Arwa«, sagte ich, traurig darüber, dass ich so hilflos war.

»Bettina, du kannst nicht alle Menschen retten«, erwiderte sie und nahm mich in den Arm.

Aber vielleicht zumindest ein paar?

13

Merry Christmas and a Happy New Year!

Und schon kam der erste Advent und mit ihm die Weihnachtszeit. Die Zeit der Nächstenliebe und Besinnung, wie es so schön heißt. Arwa war, wie ich bereits wusste, ein großer Weihnachtsfan. Weshalb sie sich zur Weihnachtszeit immer ins christliche Viertel von Damaskus aufgemacht hatte.

»An Weihnachten sind wir zu den Christen, und am Ende des Ramadan sind sie zu uns gekommen«, erzählte mir Arwa und lächelte bei der Erinnerung daran. »Niemand hat sich an der Religion des anderen gestört ... und jetzt? Schau dir mein Land an.« Sie seufzte traurig. »Es scheint nur noch um die richtige Religion zu gehen.«

Für mich, die niemals in Syrien gewesen war und sich bis zur sogenannten Flüchtlingswelle auch nicht für dessen politische und historische Zusammenhänge interessiert hatte, war es schwer vorstellbar, dass ausgerechnet das Land, aus dem alle gerade nach Deutschland flohen und in dem der IS wütete, früher ein säkulares gewesen war.

»Aber ihr hattet keinen Weihnachtsbaum?«, fragte ich Arwa.

Lachend schüttelte sie den Kopf. »Nein, aber in diesem Jahr kaufe ich einen. Immerhin leben wir jetzt hier«, antwortete sie.

Lustig, die Menschen, die aus einem anderen Kulturkreis nach Deutschland kamen, nahmen es mit den Sitten und Gebräuchen stets ganz besonders ernst. Das war mir schon zu meiner Studienzeit in Köln aufgefallen, wo in der Weihnachtszeit die Geschäfte im türkischen Viertel immer ganz besonders kitschig geschmückt waren.

»Wenn wir schon mitmachen«, hatte mir damals ein Ladenbesitzer erklärt, »dann mit allem, was dazugehört.« Sollte heißen: leuchtend bunt, opulent und mit jeder Menge goldenem Lametta und roten Kerzen.

Ich glaube, so etwas in der Art schwebte auch Arwa vor, indes ich bei unserem Baum eher an eine schlichte Variante gedacht hatte. Aber vielleicht musste ich das, wenn Arwa und ihre Familie uns besuchen sollten, noch mal überdenken.

»Wie wäre es, wenn wir am zweiten Weihnachtsfeiertag ein gemeinsam Essen organisieren?«, fragte ich meinen Mann am Abend, als er gerade dabei war, den Menüplan für Weihnachten durchzugehen.

»Klar«, sagte er, ohne aufzusehen. »Warum nicht?«

Sofort schickte ich eine SMS an Arwa.

»Danke, wir kommen sehr gern«, trudelte sogleich die Antwort ein, »aber ich müsste auch meinen Bruder, meine Schwester und ihren Sohn mitbringen ...«

»Sind die alle bei euch zu Besuch?«, schrieb ich schnell zurück.

»... ihr müsst uns auch nicht einladen ...«, antwortete Arwa.

Das war mir schon klar. Aber ich wollte es, und deshalb schrieb ich zurück: »Wir freuen uns riesig.«

Und das taten wir auch. Vor allem, da ich in der Vorweihnachtszeit kaum Zeit fand, um mich mit Arwa außerhalb der Yogastunde zu treffen. Doch meine Hilfe und Unterstützung schien so oder so nicht mehr so notwendig zu sein wie bisher, da meine Freundin, seitdem sie in ihrer eigenen Wohnung war, wesentlich ausgeglichener und optimistischer wirkte.

Derweil sich für viele andere am LAGeSo die Lage nicht änderte – wie ich tagtäglich über eine Facebook-Gruppe erfuhr, die eine Freundin von mir gegründet hatte. Schreckliche Gerüchte kursierten über die dortige Lage im Netz, und wenn man ihnen Glauben schenken konnte, hatte sich im Vergleich zum Sommer nichts gebessert. Ganz im Gegenteil.

Beiden Seiten, sowohl den wartenden Geflüchteten als auch den LAGeSo-Mitarbeitern, schien die Geduld auszugehen. So berichtete ein Mitglied der Gruppe von Security-Mitarbeitern, die junge Syrer verprügelten, über arrogantes Auftreten von professionellen Helfern gegenüber den Ehrenamtlichen und todkranke Menschen, die trotz ärztlichem Attest tagelang in der Kälte vor dem LAGeSo ausharren mussten, um einen neuen Krankenschein zu bekommen.

Zudem kursierten auch immer wieder Fotos von Kindern im Netz, die ihre Eltern auf der Flucht verloren hatten und allein in Berlin gestrandet waren, in der Hoffnung, sie über das Internet wieder zusammenzubringen. Überhaupt stellte sich Facebook als eine ziemlich praktische Form der Kommunikation heraus, weil dort nicht nur die Möglichkeit bestand, Bedarfslisten diverser Notunterkünfte zu posten, sondern auch nach Möbeln, kurzfristig benötigten privaten Unterkünften oder ähnlichem auf unkomplizierte Weise gesucht werden konnte. Manchmal hinterließ auch einer der Ehrenamtlichen, der gerade am LAGeSo war, einen Post auf Facebook, dass dringend Essen oder warme Kleidung benötigt wurde – und alsbald fand sich jemand, der noch etwas zu Hause hatte oder schnell etwas kochte.

Auch ich sprang ab und zu ein und steuerte eine Suppe bei. Doch zum LAGeSo selbst ging ich kein zweites Mal. Auch wenn ich deshalb ein schlechtes Gewissen hatte. Aber Job, Familie und Arwa unter einen Hut zu bringen, war einfach auf Dauer zu viel. Auch wenn ich gern mehr geholfen hätte, ich schaffte es einfach nicht. Und wie wichtig es war, auf sich selbst aufzupassen, das hatte ich erst kürzlich bei einer sehr engagierten Freundin mitbekommen, die, nachdem sie wochenlang am LAGeSo unterwegs war, fast einen Helfer-Burn-out bekommen hätte. Das konnte nicht der richtige Weg sein.

Überall wurde indes Hilfe benötigt, was es umso schwerer machte, Nein zu sagen. Ganz besonders die zahlreichen Notunterkünfte, die auf die Schnelle in Berlin eingerichtet wurden, hatten großen Bedarf an Helfern. Im Grunde hätte man sich den ganzen Tag engagieren können, und manche taten das auch.

Es war unglaublich, wie viele Menschen bereit waren, ihre Freizeit den Geflüchteten zu schenken, auch wenn es natürlich den ein oder anderen gab, der vor allem versuchte, sich dadurch zu profilieren. Weshalb ähnlich wie im beruflichen Kontext leicht eine Art Konkurrenz zwischen den Helfern entstand, als ginge es darum, eine Medaille zu gewinnen. Jeder meinte zu wissen, wie man am besten hilft. Doch waren wir nicht alle Laien? Und ging es nicht vor allem darum, sich gegenseitig zu unterstützen? Ich wollte doch einfach nur helfen und mit meiner ehrenamtlichen Tätigkeit nicht noch ein neues Konkurrenzfeld definieren. Leider schien es jedoch auch in Sachen ehrenamtlicher Tätigkeit manchmal einen Kampf um den Sieg als bester aller Helfer zu geben …

Ganz besonders deutlich wurde mir das bei einer Veranstaltung, die von einer Bekannten von mir organisiert wurde, um Ehrenamtliche und potentielle Interessenten zusammenzubringen.

Gleich zu Anfang gab es eine Vorstellungsrunde, in der jeder ausführlich erklärte, was und wann er wie und wo tat. Als ich nach einer Dreiviertelstunde an der Reihe war, hatte ich schon keine rechte Lust mehr, über meine Arbeit mit den syrischen Geflüchteten zu sprechen, weil ich das Gefühl nicht loswurde, dass viele der Anwesenden ihre ehrenamtliche Flüchtlingsarbeit als eine Art neues soziales Must-have ansahen. Und sie sich nicht unbedingt wegen der Geflüchteten engagierten, sondern vor allem, um ihr persönliches Prestige zu erhöhen. Doch da mich meine Bekannte nun mal eingeladen hatte, um etwas von meiner ehrenamtlichen Arbeit zu erzählen, tat ich es. Wenn auch widerwillig.

Während ich also davon sprach, in welcher Form ich half, wies ich immer wieder darauf hin, dass man den Geflüchteten nichts versprechen solle, was man am Ende nicht halten könne, und dass Zuverlässigkeit und Regelmäßigkeit das A und O bei Menschen mit Traumata seien.

»Und wenn man sich nur ab und an engagieren möchte und nur wenige Stunden im Monat dafür zur Verfügung hat«, erzählte ich weiter, »dann könnt ihr im Volunteer-Plan schauen, welcher Verein oder welche Notunterkunft eure Hilfe braucht.«

Eine gute Sache, wie ich fand. Und so schön praktisch.

»Ja, aber«, warf daraufhin eine Frau Anfang vierzig mit dunkelbraunen Locken ein, »als ich mich letztes Mal bei einer Unterkunft gemeldet habe, musste ich den ganzen Tag Kleider einsortieren.«

Ich wusste nicht so recht, was ich darauf antworten sollte, da das eine ganz normale Arbeit war, die man in solchen Unterkünften nun mal erledigen musste.

Doch da fuhr die Dame auch schon fort und erklärte ausführlich, dass sie doch noch ganz andere Qualitäten habe.

»Und die möchte ich natürlich auch einbringen«, ergänzte sie.

Nicken allerorten in der Runde.

Langsam verstand ich, worauf das hinauslief. Kleider sortieren war eben in der ehrenamtlichen Helfer-Hierarchie nicht besonders hoch angesehen. Das konnte die Dame nicht auf sich sitzen lassen. Insbesondere, da sie ja ach-so-viele Kompetenzen hatte.

»Also *ich*«, warf da eine junge Frau mit langen blonden Haaren ein, »bin ja jetzt schon *mindestens* fünf Monate am LAGeSo ...«

Dafür bekommst du jetzt gleich zwei Gummi-Punkte von mir, murmelte ich vor mich hin.

»... und lasse mindestens zweimal in der Woche eine geflüchtete Familie bei mir übernachten ...«

Ja, du bist eine ganz Tolle.

»... also habe ich auch schon einiges an Erfahrung sammeln können, weshalb ich ebenfalls meine, dass der richtige Einsatz der sozialen Kompetenzen ein unabdingbares Muss für die Integration und Sozialisierung der Flüchtlinge und Flüchtlinginnen ist!«

Hatte die gerade eben wirklich »Flüchtlinginnen« gesagt? Das hatte ich nun wahrlich noch nie gehört.

Doch keiner schien sich daran zu stören. Ganz im Gegenteil. Die junge Dame erntete für ihre Aussage erneut jede Menge zustimmendes Nicken, weshalb sie auch sogleich mit ihrer Rede zur Lage der Nation weitermachte: »Und so wie ich dich einschätze«, fuhr Blondie also fort und deutete auf die Dame mit den zahlreichen sozialen Kompetenzen, »bin ich mir ganz sicher, dass dein sozial-emotionales Potential weitaus höher als das vieler Helfer ist …«

Irgendwie wusste ich gerade nicht mehr, worüber wir eigentlich sprachen …

»… weshalb ich sicher bin, dass du wahnsinnig viel zu geben hast. Rein sozial-emotional gesehen!«

Madame eins nickte zufrieden.

Ich hatte einfach nur Kopfschmerzen.

»Aber irgendjemand muss doch auch die Kleider sortieren!«, warf ich ein.

»Und warum ausgerechnet ich?«, fragte Madame eins bestimmt. »Das können doch auch diejenigen machen, deren soziale Fähigkeiten nur suboptimal sind.«

»Na, die werden sich bedanken«, murmelte ich. »Soll etwa der Leiter der Notunterkunft zu denen hingehen und sagen: Hey, du siehst so aus, als ob du keine soziale Kompetenz hast, also ab zum Kleidersortieren.«

»Ich glaube, so war das nicht gemeint, Bettina«, versuchte mich die Diskussionsleiterin zu beruhigen, »es geht doch darum, herauszufinden, wer für welche Aufgaben geeignet ist.«

»Aber diese Aufgaben *müssen* nun mal auch erledigt werden!«, gab ich wütend zurück.

Stille.

Alle schauten betreten zu Boden. Ich war zu laut geworden, was in einem solchen Kontext nicht besonders gut ankam. Aber ich war bei diesem Thema einfach wahnsinnig emotional. Manchmal auch zu sehr.

Doch dann sagte ausgerechnet meine Freundin, die mich zu der Veranstaltung mitgeschleppt hatte, zögerlich: »Aber du schenkst ja auch keine Suppe aus, sondern gibst Yogaunterricht.«

Augenblicklich fiel mir das Gespräch mit meiner Mutter wieder ein. War ich mir damals, bevor ich begonnen hatte, mich ehrenamtlich zu engagieren, nicht auch für diese »niederen« Tätigkeiten zu schade gewesen? Und hatte ich damals nicht auch ebenso wenig eingesehen, warum ausgerechnet ich, Akademikerin mit doppeltem Uni-Abschluss, stupide Suppe ausschenken sollte?

Wahrscheinlich war ich auch deshalb so wütend geworden. Die ehrlichen Äußerungen von Madame eins hatten mich an mich selbst erinnert, und wie heißt es im Yoga doch so schön: »Der andere ist nur ein Spiegel, in dem ich mich wiedererkenne.« Und zwar nicht immer im positiven Sinn. Insbesondere dann nicht, wenn ich an meinem Gegenüber eine Eigenschaft entdecke, die ich an mir selbst nicht schätze.

Meine Güte, war das alles kompliziert, dabei wollte ich doch eigentlich nichts anderes als helfen!

»Das machst du ja auch, Bettina«, ermunterte mich eine Freundin, nachdem ich ihr auf dem Nachhauseweg am Handy von dem Treffen berichtete.

»Und ich finde es auch gar nicht so schlimm, wenn man denkt, dass man ›zu Höherem berufen‹ ist.«

»Aber sollte man nicht, wenn es einem wirklich um das Wohlergehen der Geflüchteten geht, genau dort anpacken, wo es notwendig ist, und nicht darauf achten, was besonders prestigeträchtig ist?«, gab ich zu bedenken.

»Klar, sollte man. Im Idealfall, aber vielleicht haben wir hier in Deutschland einfach auch noch keine richtige Ehrenamtskultur, so wie in den USA, wo es völlig normal ist, dass man sich ehrenamtlich engagiert und das in seinen Lebenslauf schreibt. Kein Mensch würde das dort eingebildet finden.«

Da war was dran.

»Allein schon der Begriff Ehrenamt«, fuhr sie fort, »das ist einem doch sofort unangenehm. Kein Mensch würde hier in Deutschland seine Arbeit als ›ehrenvoll‹ bezeichnen ...«

»Klingt ja auch total eingebildet«, sagte ich.

»Kann schon sein, aber prinzipiell ist es doch nicht verurteilenswert, dass man stolz auf das ist, was man macht. Bist du denn gar nicht stolz darauf, dass du Arwa und ihrer Familie helfen konntest?«, fragte sie mich.

Doch ja, ein bisschen ... aber, das war doch irgendwie auch selbstverständlich, und man sollte dann nicht darüber reden. Eigenlob stinkt, oder wie heißt das so schön?

»Und das darfst du auch sein. Und ich glaube auch nicht, dass du versuchst, dich damit zu profilieren ...«

»Ich sag nur ›Kleider sortieren‹!«, gab ich kritisch zurück.

»Ach komm. Das, was du machst, ist doch viel anstrengender und zeitintensiver, als in ein Heim zu gehen und für zwei Stunden Kleider zu sortieren ...«

»Aber das ist auch wichtig. Und verdammt öde«, verteidigte ich die Kleidersortierer und Suppenausschenker dieser Welt.

»Klar«, sagte meine Freundin, »aber das heißt im Umkehrschluss ja nicht, dass alle, die sich anderweitig und persönlicher engagieren, eine Profilneurose haben.«

Okay, da hatte sie natürlich Recht.

»Ich sehe das eher so«, erklärte sie mir weiter, »die einen sind das Technische Hilfswerk, das kommt, wenn Not am Mann oder der Frau ist, und Menschen wie du sind die Deutsche Gesellschaft für internationale Zusammenarbeit, die auf längerfristige Hilfe setzt.«

Ein schöner Vergleich.

»Was ich mich immer nur bei der ganzen ehrenamtlichen Arbeit frage«, fuhr sie fort, »ist, inwieweit wir dem Staat durch unser Engagement seine Arbeit abnehmen. Natürlich ist es super, dass sich so viele Menschen für die Geflüchteten engagieren, und ich denke auch, dass das für eine gelungene Integration wichtig ist. Aber ...«

»Aber ...?«, hakte ich nach.

»Aber helfen wir dem Staat nicht dadurch auch dabei, sich vor seiner Verantwortung zu drücken?«

Hm, ich wusste ja nicht ...

»Ist das nicht eine Ausrede, um sich selbst nicht engagieren zu müssen?«, fragte ich.

Meine Freundin schwieg für eine Weile. Dann sagte sie: »Vielleicht. Aber Tatsache ist, dass viele Bereiche, um die sich der Staat eigentlich kümmern müsste – Stichwort Altenpflege – mittlerweile von der Zivilgesellschaft übernommen werden.«

»Ist ja auch irgendwie schön«, ergänzte ich. »Denn so können wir selbst auf das politisch Gebotene mehr Einfluss nehmen!«

»Schon, aber ich befürchte, viele Politiker verlassen sich darauf und sind deshalb auch dazu bereit, in diesen Bereichen, ohne mit der Wimper zu zucken, das Geld zu kürzen.«

»Also wäre es deiner Meinung nach besser, wenn wir uns nicht engagierten, die Geflüchteten hungern und frieren ließen, bis der Staat sich selbst etwas überlegt?«, fragte ich provokativ.

»Nein, natürlich nicht. Und bei der Arbeit mit den Geflüchteten geht es ja auch darum, ein politisches Zeichen zu setzen und denjenigen, die gegen die Zuwanderung sind, zu zeigen, dass es durchaus geht!«

»Eben!«, sagte ich trotzig.

»Aber es muss doch auch erlaubt sein, unpopuläre Fragen zu stellen. Wie etwa die, ob das Ehrenamt sinnvoll ist und ob es eine Grenze bei der Zuwanderung geben muss. Und zwar ohne dass es dann gleich heißt, man sei rechts ...«

Ein wenig wusste ich, worauf sie hinauswollte, hatte ich mich doch auch schon häufiger dabei ertappt, dass ich mir manche Fragen nicht zu stellen erlaubte, weil ich als politisch links eingestellter Mensch doch eigentlich per se dazu verpflichtet schien, für die Aufnahme von allen Geflüchteten zu sein. Was auch meiner Überzeugung entsprach.

Aber hieß das zugleich, dass man die Probleme, die damit einhergehen konnten – nicht mussten –, aus political correctness heraus nicht ansprechen durfte? Schere im Kopf? Und wäre das für eine gelungene Integration nicht wahnsinnig unproduktiv? Denn wenn wir Probleme aus einer falsch verstandenen Solidarität mit den Geflüchteten heraus nicht ansprechen dürfen, wie sollen wir sie dann lösen?

Ich musste im Übrigen ganz ehrlich eingestehen, dass auch ich, als Freunde von mir das erste Mal Bedenken in Bezug auf die uneingeschränkte Aufnahme von Geflüchteten äußerten, sehr pikiert, ja fast schon schockiert gewesen war und in einem ersten Impuls diese Haltung der »Willkommenskultur« bedingungslos verteidigte. Und auch wenn ich immer noch dahinterstand, dass es genau das Richtige war, die Geflüchteten, die andere Länder abgewiesen hatten, aufzunehmen, so hatten die Bedenken meiner Freunde durchaus ihre Berechtigung.

Nach dem Telefonat dachte ich noch sehr lange über diesen Punkt nach. Dabei fiel mir auch das Statement des Grünen-Politikers und Tübinger Oberbürgermeisters Boris Palmer ein, der sich darüber beschwert hatte, dass man in Deutschland nicht sagen dürfe, dass es in Sachen

Zuwanderung auch eine Grenze der Belastbarkeit gebe. Und dass angesichts eines solchen Schweigegebots die Gefahr bestehe, dass man die Wähler an rechte Populisten verliere.

Auch Arwa hatte diese Angst mir gegenüber schon mehrmals angedeutet. Aber zeigte uns das herzliche Engagement der deutschen Bevölkerung nicht, dass wir es durchaus schaffen konnten? Und dass wir dazu bereit waren, eine bessere Gesellschaft zu werden als zuvor, bevor die geflüchteten Menschen bei uns Zuflucht suchten? Ja, oft hatte ich den Eindruck, dass die Flüchtlingskrise gar keine Krise, sondern eine Chance für uns hier in Deutschland war. Für ein besseres und lebenswerteres Deutschland, in dem Menschlichkeit wieder ein hoher Wert war, für den es galt, sich einzusetzen.

Sichtlich aufgewühlt kam ich zu Hause an und öffnete leise die Tür. Doch was mich dort erwartete, ließ mich augenblicklich alle Gedanken an diese politische Diskussion vergessen.

»Okay, ich gebe es zu«, sagte mein Mann, ohne mich zu begrüßen, »im ersten Moment wirkt er etwas raumfüllend.«

»Der Kater findet ihn super!«, stellte meine Tochter fest, während sie mir hüpfend entgegenkam.

»Er ist vielleicht ein bisschen groß ...«, gab mein Mann zu bedenken.

»Überhaupt nicht!«, meinte meine Tochter. »Die Oma wird ausflippen!«

»Das werden wir sehen ...«, versuchte mein Mann die Erwartungen etwas zu dämpfen.

Ich hatte immer noch nichts gesagt.

Besorgt schauten mich die beiden an.

»Also, was sagst du, Bettina?«, fragte mein Mann zögerlich.

»Ist doch super!«, frohlockte meine Tochter.

Ich nickte und schaute noch immer fasziniert auf die Stelle, an der vor drei Stunden noch unsere Couch gestanden hatte und wo jetzt ein gigantischer, mindestens vier Meter hoher Weihnachtsbaum stand, der genauso aussah, wie es sein sollte: groß, dunkelgrün, dicht und buschig, eben einfach ...

»... perfekt!«, hauchte ich.

Mein Mann und meine Tochter schauten sichtlich erleichtert.

»Puh, ich hatte ein wenig Bedenken, dass du ihn zu groß finden könntest ... aber du hattest ja gesagt, dass du einen ganz besonders großen Weihnachtsbaum willst, wenn wir schon hier in Berlin bleiben«, sagte mein Mann aufgeregt.

»Er ist unglaublich schön«, antwortete ich und begann, um den Baum herumzugehen und ihn von allen Seiten zu bewundern.

»Wir haben jetzt unseren eigenen Wohnzimmer-Wald!«, stellte meine Tochter glücklich fest.

»Ich frag mich nur, wie wir den später entsorgen sollen ...«, grübelte mein Mann. »Es war schon schwer genug, ihn hier reinzubekommen ...«

»Darüber mache ich mir jetzt keine Gedanken«, sagte ich, »eher darüber, wie viel Schmuck wir wohl brauchen.«

Sehr viel, wie sich später herausstellte. Was meiner Freude jedoch keinen Abbruch tat. Ganz im Gegenteil: Endlich hatte ich einen Vorwand, um mich »weihnachtsschmucktechnisch« richtig auszuleben. Am meisten gespannt war ich allerdings auf die Reaktion meiner Mutter, denn die hatte immer wieder gesagt, dass sie uns an Weihnachten nur dann besuchen werde, wenn wir auch einen ordentlich großen Christbaum hätten.

Was soll ich sagen: Meine Mutter war dann mehr als entzückt, als sie den Baum sah. Auch wenn sie, nachdem sie meinen neu gekauften Weihnachtsbaumschmuck begutachtet hatte, erst noch einmal losstiefelte, um noch mehr Kugeln und Anhänger zu kaufen. Denn die Dichte und die Größe des Baumes schien alles zu verschlingen, selbst die größten Sterne und Kugeln.

Es wurde Weihnachten, der erste und dann der zweite Feiertag. Und schon am Morgen des 26. begann meine Mutter wie eine Verrückte zu kochen. Denn wie immer befürchtete sie, dass unsere Gäste nicht satt werden könnten.

»Mama, die haben in den letzten beiden Tagen schon genug gegessen!«, beruhigte ich sie.

»Die feiern doch gar kein Weihnachten, oder?«, fragte sie mich, während sie die fünfte Portion Spätzle machte.

»Gute Frage ...«, murmelte ich leise vor mich hin.

Ich hatte Arwa gar nicht gefragt, ob sie Weihnachten feierten. Nur, ob sie kommen wollten.

»Siehst du!«, sagte meine Mutter. »Und du sagst, ich solle nicht so viel kochen ...!«, murrte sie.

»Sonst esse *ich* eben alle Spätzle!«, rief meine Tochter aus ihrem Zimmer.

Wenn Kinder wollten, hörten sie alles. Wenn nicht, waren sie so gut wie taub.

Derweil meine Mutter kochte, begann ich, den Tisch zu decken, mit goldenen Sternchenservietten, goldenen Weihnachtsbaumkerzen und allem Kitsch, der zu Weihnachten eben dazugehört. Eigentlich hatte ich für Kitsch ja nicht so viel übrig, aber Weihnachten war nun mal Weihnachten, und außerdem machte ich das ja nur für Arwa und nur ein klitzekleines bisschen auch für mich, oder?

Nervös nestelte ich an der Tischdecke und warf einen kritischen Blick über die Deko.

»Bettina, ich weiß gar nicht, warum du so nervös bist«, sagte mein Mann, als ich zum dritten Mal hintereinander um den gedeckten Tisch tigerte und schaute, ob auch alles an seinem Platz war, ich genug Plätze eingedeckt und die richtigen Weingläser ausgewählt hatte.

»Arwa und Samer waren doch schon so oft hier«, fuhr er fort, »die gehören doch schon zur Familie!«

»Ich weiß«, antwortete ich, »aber ich will, dass alles perfekt ist. Du weißt doch auch, wie sehr Arwa Weihnachten liebt!«

Mein Mann nahm mich in den Arm und sah mich an.

»Vor allem liebt sie aber dich!«, sagte er.

Betreten sah ich auf meinen Pullover. War da nicht ein Faden, der heraushing? Den musste ich unbedingt wieder reinziehen und zwar am besten gleich ...

»Hallo, Bettina«, versuchte mein Mann, mich in die Gegenwart zurückzuholen, »das muss dir doch jetzt nicht peinlich sein.«

»Was?«, rief meine Mutter, »dass sie keine Sauciere hat? Doch, das kann ihr ruhig peinlich sein!«

Mütter waren manchmal wirklich sonderbar.

Vier Töpfe Spätzle, fünf Kilo Hühnergulasch und tausend Kleinigkeiten später saßen wir müde am Esstisch und warteten auf die Familie Balbicy-Idrees.

»Warum möchte man an Weihnachten eigentlich, sobald alles vorbereitet ist, immer am liebsten sofort ins Bett fallen?«, fragte ich meinen Mann, der gerade noch dabei war, den Rotwein zu dekantieren.

»Ich weiß gar nicht, warum du so müde bist«, foppte er mich, »eigentlich haben deine Mutter und ich ja alles vorbereitet.«

»Zumindest gekocht«, schränkte meine Mutter freundlicherweise ein.

»Ich muss aber gleich dafür sorgen, dass sich alle wohlfühlen«, verteidigte ich mich.

Und schon klingelte es an der Tür. Eilig sprang ich auf, und da sah ich sie auch schon kommen: Arwa, dick eingemummelt in eine schwarze Daunenjacke, Arees, wie immer viel zu leicht bekleidet, und dahinter Hani und

Samer mit drei mir bis jetzt noch unbekannten Verwandten. Unter den Armen trugen sie alle riesige Pakete – wie konnte es anders sein.

»Ich habe doch gesagt: keine Geschenke«, sagte ich zu Arwa gleich bei der Begrüßung. Die gab mir ein Küsschen rechts und links und erwiderte: »Du hast gesagt, wir sollten kein Essen mitbringen. Von Geschenken war nie die Rede ...«

»Aber das war doch klar!«, murrte ich vor mich hin, indes meine Tochter fröhlich zu Arwa sprang, sie umarmte und ihr sogleich das Geschenk abnahm.

»Ist das für mich?«, fragte sie neugierig.

Arwa nickte, und meine Tochter lächelte glücklich.

»Und das«, sagte Arwa und schob ihren Bruder, ihre Schwester und deren Sohn zu uns hin, »ist mein Bruder Ahmad, meine Schwester Deema und ihr achtjähriger Sohn Yazan.«

Meine Tochter und Yazan sahen sich neugierig an.

Dann fragte Yazan auf Englisch: »Magst du *Star Wars*?«

Meine Tochter lächelte unsicher und sagte dann, zu mir gewandt: »Mama, der spricht ja nur Englisch!«

»Und Arabisch«, erwiderte ich.

»Du musst mit ihm Deutsch sprechen«, sagte Hani zu meiner Tochter. »Er muss es ja lernen!«

Meine Tochter nickte – und auch ich nickte anerkennend in Hanis Richtung. Ich hatte gar nicht gewusst, dass er schon so gut Deutsch sprach.

»Na, dann spreche ich jetzt nur noch Deutsch mit dir«, sagte ich zu ihm, »wenn du schon so gut sprichst ...«

»Darauf bestehe ich sowieso«, fiel meine Mutter mir ins Wort, »denn sonst verstehe ich nichts.«

Nachdem sich alle die Jacken ausgezogen, vorgestellt und von meinem Mann ein Glas Sekt in die Hand gedrückt bekommen hatten, führte ich sie voller Stolz zu unserem Weihnachtsbaum. Und zu meiner Freude war Arwas Staunen so groß, wie ich es mir erhofft hatte.

»Wow«, sagte sie, »der ist aber groß!«

»Sind alle Weihnachtsbäume so groß?«, fragte Arees, nachdem sie ihr Glas Sekt nach einem Schluck angewidert abgestellt hatte.

»Natürlich!«, antwortete ich.

»So ein Quatsch!«, beteuerte mein Mann.

»Also unserer schon«, warf meine Mutter ein.

Arwa, Samer und Arees lachten, und Hani, der den Baum schon von allen Seiten bewundert hatte, zog sein Smartphone aus der Hosentasche.

»Alle aufstellen«, forderte er uns auf, »ich mache ein Foto.«

Und wir posierten brav.

»Was für ein schöner Baum«, stellte Arwa noch einmal fest, während Yazan und meine Tochter stumm nebeneinandersaßen und sich freundlich anlächelten.

»Ich glaube, Yazan würde so gern mit deiner Tochter spielen«, sagte Deema. »Aber er ist so schüchtern.«

»Und meine Tochter kann leider noch kein Englisch«, erklärte ich ihr, »aber ich habe da gerade so eine Idee ...«

Denn auch, wenn die beiden nicht dieselbe Sprache beherrschten, so konnten sie sich ja vielleicht doch zumindest über eine andere – nicht-verbale Sprache – verständigen, die Kinder auf aller Welt beherrschten: das Spielen!

Und siehe da, sobald ich Yazan das »Mensch-ärgere-dich-nicht«-Spiel auf Englisch erklärt hatte und ihm den Würfel in die Hand drückte als Zeichen, dass es nun losging, fingen die beiden an, miteinander zu kommunizieren: mit Händen und Füßen. Und natürlich mit dem Würfel.

Wir anderen setzten uns indes gemütlich auf das Sofa, futterten Weihnachtskekse und packten Geschenke aus. Ich bekam ein edles rotes Portemonnaie und meine Mutter eine vergoldete Brosche mit einer weißen Koralle in der Mitte. Und mein Mann natürlich Wein. Wie konnte es anders sein?

»Das kann ich doch nicht annehmen«, flüsterte meine Mutter mir heimlich zu. »Ich habe ein ganz schlechtes Gewissen, weil sie so viel Geld für mich ausgegeben haben.«

»Mach dir keine Sorgen«, beruhigte ich sie, denn ich wusste, dass es Arwa ein Bedürfnis war, sich bei meiner Mutter zu bedanken. Und wenn ich ehrlich war, konnte ich ihren Impuls, meiner Mutter ein so kostbares Geschenk zu machen, sehr gut verstehen. Denn sie wollten uns, die ihnen die ganze Zeit halfen, endlich etwas zurückgeben. Insbesondere meiner Mutter, die Arees zu sich genommen und unterrichtet hatte. Ich an ihrer Stelle hätte es wahrscheinlich genauso gemacht.

Meine Tochter und Yazan waren währenddessen immer noch am Spielen, und als wir sie zum Essen baten, schafften sie es, uns gekonnt zu ignorieren.

Es war auch für mich das erste Mal, dass ich Weihnachten in Berlin feierte, und von daher ein ganz besonderes Fest. Davor waren wir immer, wie die meisten zugezogenen Berliner, nach Hause ins Rheinland gefahren. Dieses Jahr allerdings hatten mein Mann und ich beschlossen, hier zu feiern. Ein kleines bisschen auch, um Arwa und ihre Familie dabeihaben zu können. Denn irgendwie waren sie jetzt auch ein Teil der Familie.

Nach viermaligem Rufen gelang es uns, Yazan und meine Tochter von ihrem Spiel loszueisen. Doch anstatt zum Tisch zu kommen, wo schon das dampfende Essen auf uns wartete, ging Yazan neugierig zu der hölzernen Krippe, die wir auf dem Sideboard aufgestellt hatten.

Meine Mutter hatte sie in diesem Jahr extra von zu Hause mitgebracht, und auch wenn ich nicht besonders gläubig war, so stellte diese Krippe aus Holzfiguren für mich doch etwas ganz Besonderes dar. Denn seitdem ich ein kleines Kind war, ist sie bei uns an Weihnachten aufgestellt worden. Und jedes Jahr, bevor mein Vater die Weihnachtsgeschichte vorlas, durfte ich zum Zeichen dafür, dass nun der Heilige Abend begonnen hatte, das kleine Christuskind in die hölzerne Krippe legen. Ein Ritual, das wir übernommen hatten, auch wenn in diesem Jahr natürlich meine Tochter als Jüngste der Familie diese Aufgabe übernommen hatte.

Dort lag es denn umringt von den Heiligen Drei Königen, Maria, Josef, dem Verkündigungsengel sowie den Schafen, Eseln und anderen Tieren.

»Das ist das Jesuskind«, erklärte ich Yazan, »und weil es heute, am 24. Dezember, geboren ist, feiern wir Weihnachten.«

Neugierig griff er nach dem kleinen Jungen und sah ihn sich an. Fragend deutete er auf die anderen Figuren.

»Das sind seine Eltern, Maria und Josef«, erzählte ich weiter, »und das ...«

»... sind die Heiligen Drei Könige, Kaspar, Melchior und Balthasar«, unterbrach mich meine Tochter, »die extra aus dem Morgenland gekommen sind, um dem Christkind Geschenke zu bringen.«

Vorsichtig legte Yazan den kleinen Jesus zurück in die Krippe.

»Und weißt du, wo das alles geschehen ist?«, fragte ihn sein Onkel Ahmad.

Yazan schüttelte den Kopf und schaute ihn neugierig an.

»In Palästina!«, sagte er.

»Ganz in der Nähe von Jerusalem, wo dein Opa geboren wurde«, rief Samer von der anderen Ecke des Raumes.

»Und in der Nähe Haifas«, fügte Arwa hinzu, »wo mein Vater geboren ist.«

Samer und Arwa lächelten.

»Und nun steht er hier auf unserem Sideboard«, murmelte ich leise.

»Schade, dass wir dir das alles nie zeigen können«, sagte Ahmad und fuhr Yazan zerstreut über den Kopf.

»Wieso denn nicht?«, fragte ich.

»Wir sind doch staatenlos«, erklärte Arwa traurig.

»Zu Tisch«, rief mein Mann da.

Doch selbst als wir schon den ersten Gang gegessen hatten, ging mir Ahmads Bemerkung nicht aus dem Kopf.

Auch Arwa, die neben mir saß, schien der Gedanke an Palästina weiter zu beschäftigen, und so fragte sie mich: »Habe ich dir eigentlich jemals erzählt, wie mein Vater gestorben ist?«

»Nur angedeutet«, antwortete ich vorsichtig. Ich wusste, dass Arwa nicht gern über sich und das Schicksal ihrer Familie sprach.

»Ich will nicht immer jammern«, hatte sie mir einmal erklärt. Dabei hätte ich sehr gern noch mehr darüber erfahren.

Und so begann Arwa zu erzählen.

»Mein Vater wurde in Haifa geboren und ist, nachdem die Israelis die Kontrolle über die Stadt übernahmen, mit seiner Familie nach Syrien geflohen. Schon als ich ein Kind war, hat er mir davon erzählt, dass er eines Tages dorthin zurückkehren werde, und er hat sein Leben lang darum gekämpft, ein einziges Mal in seine Heimat zurückkehren zu können. Doch als es so weit war«, sagte Arwa, und ich sah, wie ihr die Tränen in die Augen stiegen, »als es so weit war und er am Grenzübergang stand, da hat er noch im Auto einen Herzinfarkt bekommen und ist, ohne einen Fuß über die Grenze gesetzt zu haben, gestorben ...«

Eine Träne rollte ihr bei diesen Worten über die Wange.

»Ach, Mama«, sagte Arees und streichelte ihr über den Arm, »mir macht es nichts aus, dass ich Haifa niemals sehen werde.«

»Aber warum denn nicht?«, rief ich aus.

»Weil sie Staatenlose sind, Bettina«, meinte mein Mann und sah mich kopfschüttelnd an.

»Ja, aber«, sagte ich, »wenn sie irgendwann Deutsche werden, dann kann sie doch keiner mehr daran hindern!«

Schweigen in der Runde.

Samer sah Arwa, die ihren Bruder Ahmad und der seine Schwester Deema an.

»Und dann können wir einfach so nach Israel reisen?«, fragte Arwa mich ungläubig.

»Aber natürlich!«, sagte ich. »Du bist dann doch Deutsche, genauso wie ich!«

»Da gibt es ganz bestimmt schon wieder irgendein dämliches Formular oder Problem«, murmelte sie ungläubig vor sich hin.

»Weißt du was«, sagte ich und drückte ihr zum Anstoßen ein Glas Sekt in die Hand. »Wir fahren gemeinsam. Als zwei Freundinnen!«

Arwa hob ihr Glas und sah mich entschlossen an: »Das machen wir!«

»Frohe Weihnachten!«, rief ich und erhob ebenfalls mein Glas.

»Frohe Weihnachten!«, schallte es von allen zurück.

Arwa: Unser gemeinsames Leben

In den letzten Jahren sind wir mit vielen Veränderungen und Herausforderungen konfrontiert worden. Weswegen wir uns immer wieder die Frage nach dem Sinn des Lebens gestellt haben. Heute versuchen wir, uns wieder mehr an den kleinen Dingen des Alltags zu erfreuen. Denn das Leben ist immer das, was wir selbst daraus machen, und wir haben jeden Tag die Chance, neu anzufangen. Auch wenn wir schon oft verletzt wurden und viel Leid erfahren haben, wollen wir nicht in der Vergangenheit verharren, sondern positiv in die Zukunft schauen.

Doch wenn man etwas in seinem Leben verändern will, benötigt man die stützende Hand eines guten Freundes, der einem wie ein leuchtender Stern in der dunklen Nacht erscheint. Ein guter Freund, der für einen da ist und einen unterstützt, auch wenn die Welt um einen herum zusammenbricht.

Unter Freunden spielt es keine Rolle, wie unterschiedlich man ist, weil jeder den anderen so akzeptiert, wie er ist. Und es kann nichts Besseres geben als das Gefühl, einen Freund zu haben, der einen liebt, obwohl er alles über einen weiß.

Mein Leben war nie perfekt, aber seitdem ich Bettina kenne, habe ich das Gefühl, dass mir die ganze Welt offensteht …

Arwa Idrees

Anhang

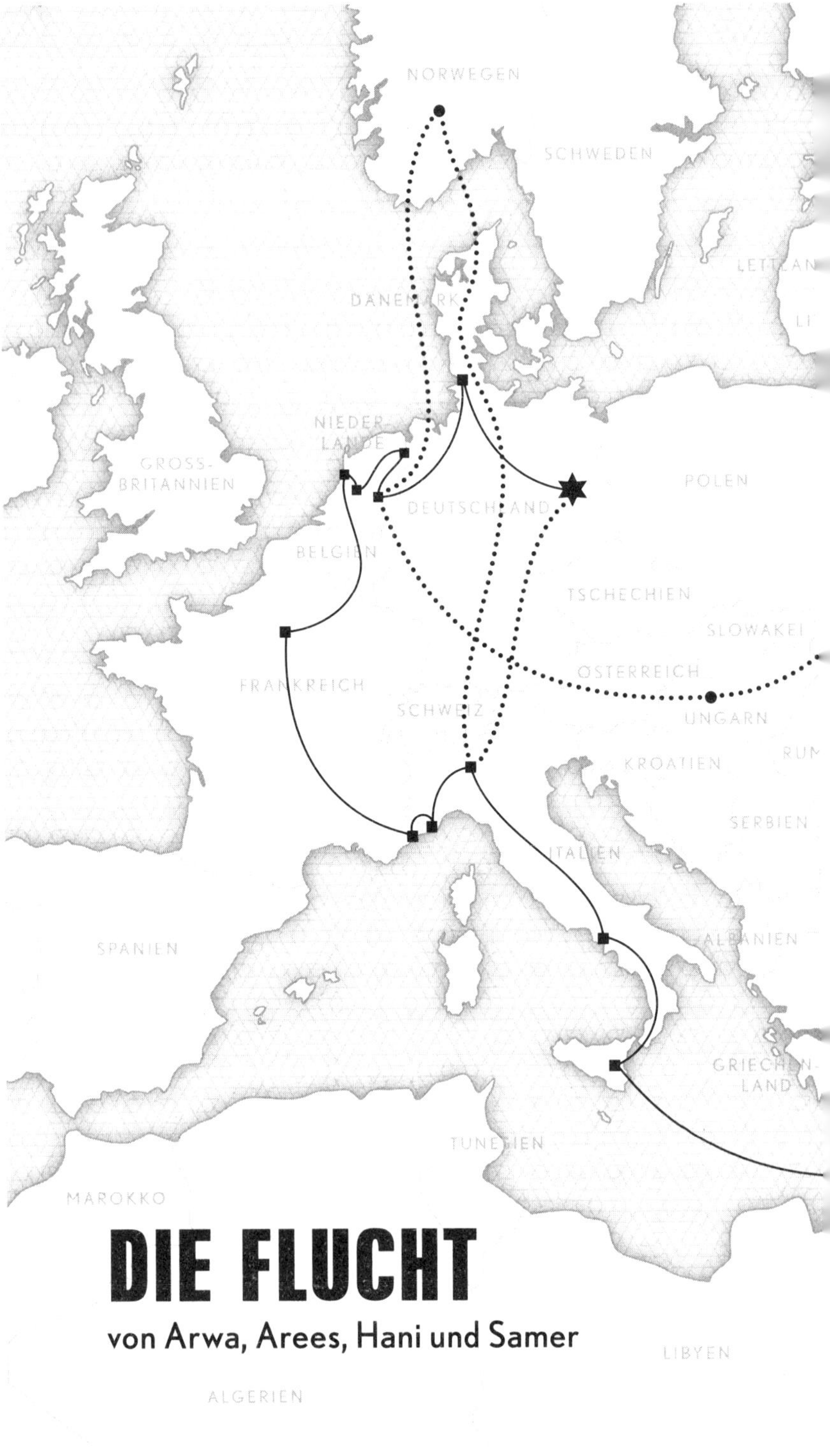

DIE FLUCHT

von Arwa, Arees, Hani und Samer

Arwa, Arees und Hani

- Damaskus
- Latakia
  - 12.500 €
- Sizilien
  - 750 €
- Neapel
- Mailand
  - 600 €
- Ventimiglia
  - 50 €
- Nizza
  - 700 €
- Paris
- Amsterdam
  - 700 €
- Utrecht
- Ter Apel
- Arnheim
- Husum
- Berlin

Samer

- Damaskus
- Beirut
- Sidon
  - 9.000 €
- Moskau
- Kiew
- Lviv
- Ungarn
- Arnheim
- Norwegen
- Italien
- Berlin

Gesamtkosten: 24.300 €

Ereignisse um den Arabischen Frühling und ihre Auswirkungen in Europa[1]

17. Dezember 2010: Der tunesische Gemüsehändler Mohamed Bouazizi verbrennt sich aus Protest gegen die Polizeiwillkür, die ihn immer wieder seiner Existenzgrundlage beraubt. Er löst damit eine landesweite Protestwelle aus, die nach und nach auch in andere Staaten des Nahen Ostens und Afrika überschwappt.

Dezember 2010/Januar 2011: Unruhen in Tunesien, die sogenannte Jasminrevolution. Regimekritiker fordern Meinungs- und Pressefreiheit und ein Ende der Korruption. Der Beginn des Arabischen Frühlings.

Januar 2011: Die Proteste werden in Ägypten, Algerien, im Jemen, in Jordanien und Saudi-Arabien aufgegriffen. Auch in diesen Ländern werden der Rücktritt des jeweiligen Machthabers und eine Teilhabe des Volkes an der Bildung der Regierung gefordert.

[1] Ohne Anspruch auf Vollständigkeit.

25. Januar 2011: Der sogenannte Tag des Zorns in Ägypten. Der Tahrir-Platz in Kairo, auf dem die Menschen sich zum Protest versammeln, rückt ins Zentrum der medialen Berichterstattung. Infolgedessen tritt im Februar 2011 der langjährige ägyptische Präsident Husni Mubarak zurück.

Februar 2011: Auch in Bahrain, Dschibuti, im Irak, in Kuwait, Libyen, Marokko, im Sudan und in Syrien kommt es zu Protesten der Bevölkerung, gegen die die Regierungen hart vorgehen.

März bis Juni 2011: Ausrufung des Ausnahmezustands in Bahrain. Zahlreiche Verhaftungen, Verschleppungen und gewaltsames Vorgehen gegen Regierungskritiker.

Oktober 2011: In Tunesien finden die ersten Wahlen zu einer verfassungsgebenden Versammlung statt. Der untergetauchte libysche Diktator Muammar al-Gaddafi wird in seiner Geburtsstadt Sirte getötet.

Dezember 2011: Der Oppositionspolitiker Moncef Marzouki, der jahrelang im französischen Exil gelebt hat, wird in Tunesien zum Übergangspräsidenten gewählt.

Juni 2012: Mubarak wird zu lebenslanger Haft verurteilt. In Ägypten wird der Muslimbruder Mohammed Mursi zum ersten freien Präsidenten gewählt.

30. Juni 2012: In Ägypten finden Massenproteste gegen die Regierung Mursi statt.

Anfang Juli 2012: Präsident Mursi wird abgesetzt und der Verfassungsrichter Adli Mansur Interimspräsident.

2013: In Tunesien kommt es wegen Morden an Oppositionspolitikern zu Massenprotesten gegen die Regierung.

29. Januar 2014: Mehdi Jomaa wird Ministerpräsident einer Übergangsregierung in Tunesien.

Februar 2014: Die UN bezeichnet die Flüchtlingskrise als die schlimmste seit dem Völkermord in Ruanda.

März 2014: Tunesien hebt den seit mehr als drei Jahren verhängten Ausnahmezustand auf.

8. Juni 2014: In Ägypten wird as-Sisi als Präsident vereidigt.

Juni 2014: In Libyen erlangen bei den Parlamentswahlen die säkularen Kandidaten die Mehrzahl der Mandate. Die Muslimbruderschaft akzeptiert ihre Niederlage nicht und macht mit Unterstützung von Milizen Jagd auf sie. Das neu gewählte Parlament flieht daraufhin nach Tobruk, wo die neue Regierung eingesetzt wird. In Tripolis wird das alte Parlament wieder eingesetzt und eine Gegenregierung gebildet.

31. Dezember 2014: Nach anhaltenden Protesten gegen Premierminister Mohamed Ghannouchi wird in Tunesien Béji Caid Essebsi zum Präsidenten gewählt. Nach seiner Wahl gibt er bekannt, dass er die Führung der Partei Nidaa

Tounes niederlegen will, um als Präsident überparteilich agieren zu können. Als eines seiner Hauptziele sieht der neue Präsident die Festigung der Demokratie.

2015: Nach der Eroberung der historischen Stadt Palmyra im Mai 2015 kontrolliert die Terrororganisation Islamischer Staat (IS) fast die Hälfte des syrischen Staatsgebiets. Ein Großteil davon ist allerdings Wüste und sehr dünn besiedelt.

April 2015: Ein völlig überfülltes Boot mit Geflüchteten kentert auf dem Weg von Libyen nach Italien. Ca. 700 Menschen sterben, die meisten stammen aus dem Nahen Osten oder Afrika. Nur 28 Menschen konnten gerettet werden.

15. Mai 2015: Der ehemalige ägyptische Präsident Mursi wird wegen Weitergabe von Staatsgeheimnissen zum Tode verurteilt. Er soll gemeinsam mit der Hisbollah und der Hamas einen Gefängnisausbruch geplant haben.

Juni 2015: Ungarn will die Grenzen zu Serbien mit einem vier Meter hohen Zaun sichern.

In Freital kommt es zu fremdenfeindlichen Ausschreitungen. In Meißen gibt es einen Brandanschlag auf eine noch unbewohnte Flüchtlingsunterkunft.

25. August 2015: Die Bundesregierung setzt das Dublin-Verfahren für syrische Geflüchtete aus.

27. August 2015: In einem auf der österreichischen Autobahn abgestellten LKW werden 71 tote Geflüchtete gefunden. Die verantwortlichen Schlepper werden kurze Zeit später festgenommen.

31. August 2015: Angela Merkel äußert in der Sommerpressekonferenz über die Flüchtlingskrise innerhalb Deutschlands den berühmten Satz: »Wir schaffen das!«

30. September 2015: Russland stellt sich auf die Seite der syrischen Regierung und greift militärisch in den Bürgerkrieg ein.

23. Oktober 2015: Das Asylpaket I tritt in Kraft. Wesentliche Änderungen im Asylgesetz sind unter anderem, dass statt Bargeld auch Sachleistungen zur Sicherung des Existenzminimums ausgegeben werden können, Leistungen leichter gekürzt werden können und dass der Abschiebungstermin nicht mehr bekannt gegeben werden muss. Zudem gelten Albanien, der Kosovo und Montenegro von nun an als sichere Herkunftsstaaten, in die Geflüchtete wieder abgeschoben werden können.

4. Dezember 2015: Nach den Terroranschlägen in Paris beschließt der Bundestag die Beteiligung Deutschlands am Anti-Terror-Kampf gegen den IS in Syrien.

Dezember 2015: Die beiden rivalisierenden Regierungen in Libyen vereinbaren einen Friedensvertrag, der bis 2018 den Neuaufbau des Staates sowie eine Einheitsregierung unter Fayiz as-Sarradsch vorsieht.

Auf der *Freedom Map 2015* der Organisation Freedom House wird Tunesien als erstes arabisches Land mit dem Status »frei« bewertet.

Glossar

a) Bürokratie

EURODAC: European Dactyloscopy, kurz EURODAC, eine europäische Datenbank zur Speicherung von Fingerabdrücken.

LAGeSo: Landesamt für Gesundheit und Soziales (bei den Geflüchteten auch gern nur »Sozial« genannt).

b) Glaubensrichtungen

Der Islam unterscheidet zwei große Glaubensrichtungen: die **Sunniten** und die **Schiiten**. Die Spaltung in diese beiden Glaubensrichtungen geht bis ins Jahre 632 n. Chr. zurück. Nach dem Tod des Propheten Mohammed wünschten sich die heutigen Sunniten seinen Schwiegervater Abu Bakr als Nachfolger, die heutigen Schiiten hingegen seinen Cousin und Schwiegersohn Ali.

Die Schiiten sind Anhänger der Schia Ali, also der Partei Alis. Die Bezeichnung Sunniten wiederum leitet sich von dem Begriff Sunna ab. Sunna war in der vorislamischen Zeit der Oberbegriff für bestimmte Sitten, Gebräuche und Riten, erhielt aber im Laufe der Entstehung des Islams eine religiöse Bedeutung und wird heute als Handlungsweise des Propheten (Mohammed) übersetzt.

Alle beide glauben trotz unterschiedlicher Theologie und Riten, dass Allah der einzige Gott und Mohammed sein Prophet ist. Ebenfalls gilt bei beiden der Koran als das Wort Gottes. Die Sunniten stellen mit circa achtzig Prozent weltweit die Mehrheit der Muslime.

Alawiten: Eine Glaubensrichtung, die zum schiitischen Teil des Islams gehört. Sie ist eine gnostische Glaubensrichtung, d.h. sie glaubt sich im Besitz eines Geheimwissens, das sie von den anderen Religionen abhebt. Ali, der Schwiegersohn Mohammeds, ist für sie die Manifestation des höchsten, namenlosen Gottes. Zu den Alawiten gehört man qua Geburt. Die große Mehrheit der Alawiten lebte in Syrien. Auch Baschar al-Assad ist ein Alawit. Es ist nicht möglich zu konvertieren. Sie sind nicht gleichzusetzen mit den türkischen Aleviten.

Drusen: Eine Religionsgemeinschaft, die im elften Jahrhundert in Ägypten entstanden ist. Die Gläubigen praktizieren eine allegorische Auslegung des Korans und glauben an eine Seelenwanderung des Menschen. Wobei die Seele nach dem Tod nur in einen neuen Menschen und nicht in ein Tier oder ein anderes Wesen wandern kann. Eine Konvertierung zum Drusentum ist nicht möglich. Die Gläubigen werden in *Unwissende* und *Eingeweihte* unterteilt, wobei die Eingeweihten an einer weißen Kopfbedeckung und schwarzen Gewändern zu erkennen sind. Auch Frauen können zu den Eingeweihten gehören.

Jesiden: Eine religiöse Minderheit. Die Jesiden haben kein Glaubensbuch wie den Koran oder die Bibel. Der jesidische Glaube wird überwiegend mündlich, von den sogenannten Qewals, Dichtern und Mythenerzählern, weitergegeben. Das Jesidentum ist eine monotheistische Religion, die an einen einzigen und allumfassenden Gott glaubt. Sein Stellvertreter auf Erden ist Melek Taus, der Engel Pfau, der im Namen Gottes die Erde und Adam und Eva erschaffen hat. Er gilt im jesidischen Glauben als der wichtigste von sieben Engeln. Für die Jesiden endet das Leben nicht nach dem Tod, sondern die Seele des Menschen wandert, abhängig davon, welche Taten er zu seinen Lebzeiten begangen hat, in einen neuen Zustand. Jeside ist man qua Geburt, wenn beide Eltern Jesiden sind. Eine Konversion ist nicht möglich.

c) **Politik/Religion**

Syrische Baath-Partei: Ein Ableger der gesamtarabischen Baath-Partei. Ihr Hauptziel ist die Befreiung der arabischen Region von aller Fremdherrschaft und die Vereinigung zu einem gesamtarabischen Staat. Sie ist eine säkulare Partei. Ihr Parteivorsitzender ist Baschar al-Assad.

Dubliner Übereinkommen: Auch kurz Dublin I genannt. Es trat am 1. September 1997 in Kraft. Jeder Asylsuchende kann nur noch in einem EU-Land einen Asylantrag stellen.

Dublin II-Verordnung: Sie hat am 1. März 2003 das Dubliner Übereinkommen abgelöst und verschärft. Jeder

Asylsuchende kann nur noch in dem Land einen Antrag stellen, in dem er in die EU eingereist ist. Befindet er sich in einem anderen europäischen Land, wird dort kein Asylverfahren mehr durchgeführt, sondern der Betreffende in den zuständigen Staat zurückgeführt.

Ob bereits in einem anderen Land ein Antrag gestellt wurde, kann durch die europäische Datenbank EURODAC geklärt werden.

Reisen Familien über verschiedene Wege in die EU, werden ihre Asylanträge zwecks Familienzusammenführung in einem Land gemeinsam bearbeitet.

Dublin III-Verordnung: Sie hat am 19. Juli 2013 Dublin II abgelöst. Eine Ausweitung der bisherigen Regelung. Das Dublin-Verfahren trifft jetzt nicht mehr nur auf Asylsuchende zu, sondern auch auf Menschen, die einen Antrag auf subsidiären Schutz stellen. Zudem wird unter anderem festgelegt, dass die Asylsuchenden nicht mehr in das Einreiseland abgeschoben werden dürfen, wenn ihnen dort Menschenrechtsverletzungen drohen. Weitere Änderungen: Abschiebehaft wird erlaubt bei Fluchtgefahr, Rechtsschutz garantiert, das Kindeswohl muss Vorrang haben und die Kinder bekommen eine(n) Vertreter(in) zur Seite gestellt.

FSA (Freie Syrische Armee): Eine bewaffnete Oppositionstruppe, die sich zum Teil aus ehemaligen Angehörigen der Regierungsarmee zusammensetzt. Ihr Ziel ist die Absetzung der syrischen Baath-Regierung und deren Oberhaupt Baschar al-Assad sowie der Schutz der Zivilbevölkerung.

IS (Islamischer Staat): Eine terroristische Miliz, die in verschiedenen Staaten aktiv ist. Ziel des IS war und ist es, einen islamistischen sunnitischen Staat zu gründen, in dem die Scharia buchstabengetreu ausgeführt wird. Im Juni 2014 verkündete die Organisation die Gründung eines Kalifats mit Abu Bakr al-Baghdadi als Kalif Ibrahim – Befehlshaber aller Gläubigen – an der Spitze. Er ist demnach der politische und religiöse Nachfolger Mohammeds.

ISIL: Islamischer Staat im Irak und der Levante.

ISIS: Islamischer Staat im Irak und in Syrien.

Scharia: Religiöses Gesetz des Islams, das in einigen Ländern wie der Türkei abgeschafft wurde, in anderen wie Saudi-Arabien hingegen noch vollständig in Kraft ist.

d) Fakten und Zahlen[2]

Ca. 235 Kilometer ist die Länge der Zäune, welche die Festung Europa schützen sollen.

Im Jahre 2014 sind **1,1 Millionen** Geflüchtete in die 28 EU-Staaten gekommen. Die Gesamtbevölkerung der EU-Staaten beträgt rund **508 Millionen.**

---

[2] Quelle: Amnesty International

2,2 Millionen syrische Geflüchtete befinden sich in der Türkei, einem Land mit geschätzt 76 Millionen Einwohnern (Stand November 2015).

Weltweit befinden sich rund **60 Millionen** Menschen aufgrund von Gewalt, Konflikten und Verfolgung auf der Flucht.

Im Jahre 2015 gab es in Deutschland 1.005 Straftaten gegen Einrichtungen für Flüchtlinge. 2014 waren es noch 199.

Quellen

Sekundärliteratur

Amnesty International: Hintergrundmaterial zum Bericht »Fear and Fences: Europe's Approach to Keeping Refugees at Bay«, https://www.amnesty.de/downloads/hintergrundmaterial-zum-bericht-fear-and-fences-europes-approach-keeping-refugees-bay, 2015.

Flusser, Vilém: Bodenlos: Eine philosophische Autobiographie, S. Fischer Verlag 1999.

Helberg, Kristin: Brennpunkt Syrien. Einblick in ein verschlossenes Land, Herder 2012.

Perthes, Volker: Das Ende des Nahen Ostens, wie wir ihn kennen. Ein Essay, Suhrkamp Verlag 2015.

Schweizer, Gerhard: Syrien verstehen. Geschichte, Gesellschaft und Religion, Klett-Cotta 2015.

Dokumentationen

Düzen Tekkal: HÁWAR – Meine Reise in den Genozid, Deutschland 2015.

Mein Dank …

… gilt vor allem meinem Mann, Karl Koch, der mich von Anfang an bei meiner ehrenamtlichen Arbeit unterstützt hat und dessen Herzlichkeit und Wärme es zu verdanken ist, dass meine syrischen Freunde sich bei uns gleich wie zu Hause gefühlt haben.

Ein weiterer Dank gilt meiner Mutter mit ihrer Hartnäckigkeit, die Wesentliches dazu beigetragen hat, dass Hani so gut Deutsch spricht und Arees sich bestens mit dem Karneval auskennt. Und natürlich Anja und Christian von Jivamukti Berlin, die mir für meine ehrenamtlichen Yogastunden in ihrem wunderschönen Studio einen Raum zur Verfügung stellen. Namasté.

Und selbstverständlich ein Dankeschön an das Eden-Books-Team – ihr seid die Besten! –, meine Agentin Anja Koeseling und meinen Lektor Matthias Auer, ohne den ich komplett aufgeschmissen gewesen wäre. Auch Leonie York und Sue Hermenau möchte ich an dieser Stelle ganz herzlich danken. Und natürlich Düzen Tekkal, die mir mit ihrem Engagement und Tatendrang immer wieder eine Inspiration ist.

Last but not least, danke auch an alle Sozialarbeiter, Heimleiter, ehrenamtlichen Helfer und Helferinnen, die sich jeden Tag aufs Neue für die geflüchteten Menschen und ein besseres Deutschland einsetzen.

Bettina Schuler

Jennifer Elise Bentz
Einfach mal klarkommen
Studium - Praktikum - Klinikum
Eine wahre Geschichte

Weitere Titel von Eden Books

Krischan und seine Freunde wachsen in Ostberlin in der Plattenbausiedlung Marzahn auf. Nach der Wende zieht es die jungen Erwachsenen nach Friedrichshain, wo sie die neu gewonnene Freiheit genießen: Sie leben in den Tag hinein, verbringen die Nächte auf den Tanzflächen Berlins und verlieren sich im Drogenrausch. Arbeiten gehen sie nur dann, wenn gerade das Geld knapp ist. Den fehlenden Halt in seinem Leben sucht Krischan bei der Schülerin Katja: In den Zeiten des Umbruchs erlebt das Paar gemeinsam die erste große Liebe.

Authentisch und mitreißend wird in »Ostkreuz« die Geschichte einer Jugend vor dem Hintergrund der Wendejahre erzählt.

Christian Mackrodt
OSTKREUZ
Erwachsenwerden in der Wendezeit. Ein Autobiografischer Roman.

288 Seiten | Klappenbroschur | 13,5 × 21 cm
14,95 € (D) / 15,40 € (A)
Auch als E-Book erhältlich
ISBN: 978-3-944296-49-4

Weitere Titel von Eden Books

Sunny wächst in einer großen und scheinbar glücklichen Arztfamilie auf – bis sich eine Tragödie ereignet. An einem wunderschönen Sommertag ersticht sich ihr Vater und raubt Sunny damit die Möglichkeit einer unbeschwerten Kindheit.

Zwanzig Jahre später begibt sich die Tochter auf eine Spurensuche in die Vergangenheit. Zum ersten Mal setzt sie sich intensiv mit der Geschichte ihres Vaters und den Motiven für seine erschreckende Tat auseinander. Dabei kommt sie zu überraschenden Erkenntnissen, die sie nicht nur ihrem Vater, sondern auch sich selbst ein Stückchen näherbringen.

Alexa von Heyden
HINTER DEM BLAU
Ein kleines Mädchen verliert seinen Vater. Eine junge Frau findet zu sich.

208 Seiten | Klappenbroschur | 13,5 × 21 cm | 12,95 € (D) / 13,40 € (A)
Als eBook für Kindle und iPad erhältlich
ISBN: 978-3-944296-03-6

Impressum

Bettina Schuler
Norahib bikom heißt willkommen.
Von ehrenamtlicher Flüchtlingshilfe, einer syrischen Familie und mir.
Eine Freundschaftsgeschichte.
ISBN: 978-3-959100-48-9

Eden Books
Ein Verlag der Edel Germany GmbH

www.edenbooks.de | www.facebook.com/EdenBooksBerlin | www.edel.com
1. Auflage 2016

Dieses Werk wurde vermittelt durch die Literaturagentur Scriptzz, Berlin | www.scriptzz.de

Einige der Personen im Text sind aus Gründen des Persönlichkeitsschutzes anonymisiert.

Projektkoordination: Svenja Monert
Lektorat: Dr. Matthias Auer
Umschlaggestaltung: Johanna Höflich | www.johannahoeflich.de
Layout und Satz: Datagrafix Inc.| www.datagrafix.com
Druck und Bindung: optimal media GmbH, Glienholzweg 7, 17207 Röbel/Müritz

Das FSC®-zertifizierte Papier *Holmen Book Cream* für dieses Buch lieferte Holmen Paper, Hallstavik, Schweden.

Printed in Germany

Dieses Buch ist auch als E-Book erhältlich.